**감수 · 이상태**(성균관대학교 생명과학과 명예 교수)

성균관대학교 이학사, 미국 켄트주립대학교 이학석사, 미국 듀크대학교 이학박사.
전북대학교 생물학과 교수, 영국 런던자연사박물관 객원교수, 미국 콜로라도주립대학교 객원교수로 재직했습니다.
《현대식물분류학》《한국식물검색집》《자연사박물관 입문》《식물의 역사》를 포함한 여러 편의 저서를 펴냈습니다.

**지음 · 정재은**

출판 편집과 방송 작가 등 여러 직업을 통해 얻은 경험을 바탕으로 어린이 작가로 활동 중입니다. 그동안 지은 책으로는
《우리 아이 과학영재로 키우는 똑똑한 호기심백과》《우리 아이 지혜를 키워 주는 소중한 전통과학백과》,
〈스토리텔링 수학〉 시리즈의 《게임 수학》《불가사의 수학》《스파이 수학》《바이킹 수학》《로봇 수학》《드론 수학》 등이 있습니다.

2025년 6월 10일 개정판 9쇄 펴냄

**지음** · 정재은
**감수** · 이상태(성균관대학교 생명과학과 명예 교수)
**사진 제공** · (주)유로포토서비스, Photostock, 한국벌레잡이식물원,
　　　　　　극지연구소, 조종호, 이상태

**펴낸이** · 이성호
**펴낸곳** · (주)글송이

**편집/디자인** · 임주용, 최영미, 오영인, 이강숙, 김시연
**마케팅** · 이성갑, 윤정명, 이현정, 문현곤, 이동준
**경영지원** · 최진수, 이인석, 진승현

**출판 등록** · 2012년 8월 8일 제2012-000169호
**주소** · 서울시 서초구 능안말1길 1 (내곡동)
**전화** · 578-1560~1 **팩스** · 578-1562
**이메일** · gsibook01@naver.com

ⓒ글송이, 2015

ISBN 979-11-7018-119-4　74400
　　　979-11-86472-78-1　(세트)

*이 책은 저작권법에 따라 보호받는 저작물입니다. 무단 전재와 무단 복제를 금지하며, 이 책의 내용이나
사진의 전부 또는 일부를 이용하려면 반드시 (주)글송이와 사진 저작권자의 서면 동의를 받아야 합니다.

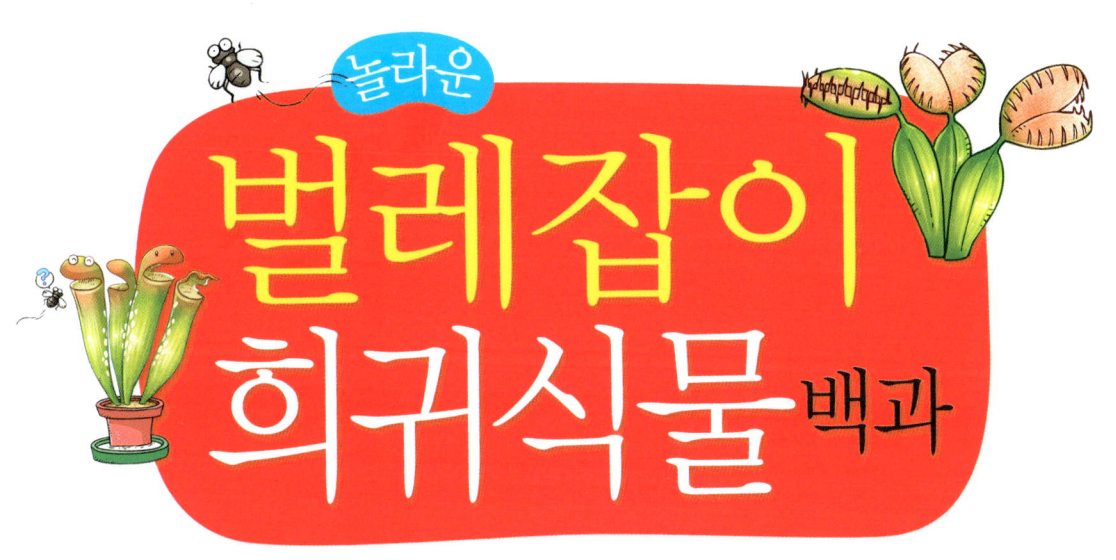

# 놀라운 벌레잡이 희귀식물 백과

정재은 지음, 이상태(성균관대학교 생명과학과 명예 교수) 감수

글송이

## 감수의 글

### 명확하고 간결하게 궁금증을 해결해 주는 식물백과!

《놀라운 벌레잡이·희귀 식물백과》는 흥미 있는 벌레잡이식물을 비롯해 여러 식물에 대해서 좋은 사진을 사용해 잘 엮은 책입니다. 특히 모든 글을 질문으로 시작해서, 독자로 하여금 궁금증을 갖도록 유도한 점이 돋보입니다. 종종 내용만으로는 너무나 심도가 깊어 어린이들 수준에 맞을까 걱정도 되지만, 쉽고 재미있게 썼기 때문에 아무런 염려가 없다고 봅니다. 자연 특히 식물에 관심이 있는 어린이들이라면 충분히 소화할 수 있고, 이 책을 통해 궁금증을 더 많이 갖는 습관을 유도할 수 있을 것으로 기대됩니다.

사실, 과학은 궁금증으로부터 출발합니다. 뉴턴이 '달은 안 떨어지는데 왜 사과는 떨어지지?' 하는 질문으로부터 위대한 만유인력의 법칙을 발견했듯이, 수많은 과학적 이론과 지식들은 간단한 질문으로부터 시작됩니다. 그리고 이런 질문들은 관찰로부터 출발합니다.

이 책이 어린이들로 하여금 좀 더 주의 깊게 자연을 바라보고, 왜 그럴까? 무엇인가? 어떻게 이런 일이 일어나나? 등 많은 질문을 하도록 이끌어내며 스스로 그 해답을 알려는 노력을 하도록 유도하는 데 기여할 것입니다. 어린이들이 이 책을 읽고 과학에 대한 호기심을 키워 미래의 훌륭한 과학자가 되기를 바랍니다.

성균관대학교 생명과학과 명예 교수 이 상 태

## 머리말

### 놀라운 식물에 관한 궁금증을 모두 풀어 보세요!

 식물은 늘 우리 곁에 있어요. 집 안에서 키우는 예쁜 꽃 화분, 길가의 가로수, 산과 들에 피는 꽃과 나무들, 우리가 먹는 채소와 과일들……. 우리는 식물이 너무나 가깝게 있어 식물에 관심을 잘 갖지 않아요.
 하지만 잎을 움직이고, 벌레를 사냥하는 벌레잡이식물이 있다면 저절로 관심이 갈 거예요. 이 책에서 소개하는 파리지옥, 벌레잡이통풀, 통발 등 벌레잡이식물이 사냥하는 모습을 한 번만 보면 식물에 대한 호기심이 저절로 솟아날걸요!
 '벌레잡이식물은 왜 벌레를 사냥하게 되었을까? 다른 식물과 뭐가 다를까? 다른 식물들은 왜 벌레잡이식물처럼 스스로 움직이거나 사냥을 하지 못할까? 벌레를 먹지 않는 식물들은 어디서 영양분을 얻을까?'
 벌레잡이식물에서 시작한 식물에 대한 관심과 호기심은 식물들에 대한 다양한 궁금증으로 펼쳐질 거예요. 식물은 무엇을 먹고 사는지, 식물의 잎은 왜 초록색인지, 세계에서 가장 큰 나무는 무엇인지…….
 희귀하고 신기한 식물의 생활이 궁금할 때면 숲이나 식물원에 가서 식물을 관찰해 보고, 《놀라운 벌레잡이·희귀 식물백과》를 펼쳐 보세요. 지금껏 알지 못했던 식물의 세계를 볼 수 있답니다.

지은이 정 재 은

## 차례

### 1장. 무시무시 벌레잡이식물 · 13

벌레를 잡아먹는 식물이 있어요? · 14
벌레잡이식물도 꽃을 피우나요? · 16
파리지옥은 어떻게 파리를 잡아요? · 18
파리지옥은 죽은 파리도 먹어요? · 20
벌레잡이제비꽃은 어떻게 벌레를 잡아요? · 22
끈끈이주걱은 어떻게 생겼어요? · 24
긴잎끈끈이주걱은 왜 잎몸을 말아요? · 26
드로소필룸이 파리채보다 낫다고요? · 28
사라세니아는 어떻게 벌레를 잡아요? · 30
코브라를 닮은 벌레잡이식물이 있어요? · 32
가짜 창문이 있는 벌레잡이식물이 있어요? · 34
호리병처럼 생긴 벌레잡이식물도 있나요? · 36
벌레잡이통풀 속의 물을 먹어도 돼요? · 38
쥐똥을 좋아하는 벌레잡이식물이 있어요? · 40

벌레잡이통풀과 닮은 식물도 있나요? · 42
벌레잡이식물에 사는 벌레도 있어요? · 44
벌레가 빠져 죽는 옹달샘이 있어요? · 46
땅속 벌레를 잡아먹는 식물이 있어요? · 48
물속에 사는 벌레잡이식물이 있어요? · 50
벌레먹이말은 얼마나 빨리 사냥을 해요? · 52
통발은 물속의 진공청소기인가요? · 54

## 2장. 신기신기 별난 식물 · 57

건드리면 잎을 접는 식물이 있어요? · 58
뿌리가 하늘로 솟은 나무가 있어요? · 60
선인장 아파트에는 누가 살아요? · 62
세상에서 가장 키 큰 나무는 뭐예요? · 64
세상에서 가장 큰 꽃은 뭐예요? · 66
사람이 올라갈 수 있는 연잎이 있나요? · 68

연리지는 어떤 나무예요? · 70

걸어 다니는 나무가 있어요? · 72

털옷을 입은 꽃이 있어요? · 74

돌멩이처럼 생긴 풀이 있어요? · 76

시계를 꼭 닮은 꽃이 있나요? · 78

색깔이 변하는 꽃이 있어요? · 80

똥 냄새가 나는 과일이 있어요? · 82

야자나무는 나무인가요? · 84

벌을 속이는 꽃이 있어요? · 86

흙 없는 공중에서 식물이 살 수 있어요? · 88

개미를 키우는 나무도 있어요? · 90

화살통나무는 왜 잎을 떨어뜨려요? · 92

새장달맞이꽃은 왜 사막을 굴러다녀요? · 94

미선나무는 우리나라에만 있나요? · 96

불에 타야 꽃을 피우는 식물이 있어요? · 98

## 3장. 오싹오싹 독·희귀 식물·101

독을 쏘는 풀이 있어요? ·102

다른 나무를 휘감아 죽이는 나무가 있어요? ·104

타이탄아룸을 왜 시체꽃이라고 불러요? ·106

죽은말아룸은 왜 검정파리를 가둬요? ·108

벨비치아는 죽었나요, 살았나요? ·110

새삼을 왜 '악마의 실'이라고 불러요? ·112

못처럼 생긴 가시가 있는 식물이 뭐예요? ·114

부채선인장은 왜 무서운 가시가 있어요? ·116

식물에게 강력한 무기가 있다고요? ·118

독이 있는 식물은 다 나빠요? ·120

뽑을 때 비명을 지르는 식물이 있나요? ·122

## 4장. 궁금궁금 식물의 세계 · 125

식물은 물만 먹고 살아요? · 126
식물마다 왜 잎 모양이 달라요? · 128
나뭇잎은 왜 비에 젖지 않아요? · 130
솔잎은 왜 뾰족하게 생겼어요? · 132
가을에는 왜 단풍이 물들어요? · 134
선인장에는 왜 잎이 없어요? · 136
식물도 결혼을 해요? · 138
꽃은 어떻게 곤충을 끌어들여요? · 140
수련과 연꽃은 어떻게 달라요? · 142
땅속에 열리는 땅콩은 과일인가요? · 144
씨앗은 어떻게 생겼어요? · 146
솜사탕처럼 생긴 열매가 있어요? · 148
우엉 열매는 왜 갈고리를 달았나요? · 150
벼도 꽃이 피나요? · 152

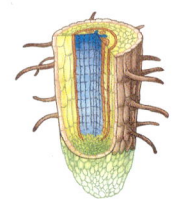

식물의 뿌리는 어떤 일을 해요? · 154

덩굴식물의 줄기는 어떻게 자라요? · 156

나무의 나이는 어떻게 알 수 있나요? · 158

이끼도 식물이에요? · 160

버섯은 왜 식물이 아니에요? · 162

독이 있는 버섯도 있어요? · 164

식물은 언제부터 지구에 살았어요? · 166

식물이 점점 사라진다고요? · 168

벌레잡이식물 키우는 방법 · 170

봄·여름·가을·겨울에 피는 꽃 · 172

식물을 만날 수 있는 곳 · 176

교과서와 함께 보기 · 176

# 무시무시 벌레잡이 식물

①

1장 · 무시무시 벌레잡이식물

# 벌레를 잡아먹는 식물이 있어요?

많은 벌레들이 식물을 먹고 살아요.
하지만 어떤 식물은 벌레를 잡아먹는대요.
바로 벌레잡이식물이에요.
벌레잡이식물은 왜 벌레를 먹기 시작했을까요?
벌레잡이식물이 사는 땅에는 영양분이 거의 없어요.
그래서 벌레잡이식물은 벌레를 사냥하여
꼭 필요한 영양분을 먹기 시작했지요.

벌레잡이식물은 벌레를
먹지 않아도 죽지 않아요.
광합성을 하여 스스로
양분을 만들 수 있으니까요.
하지만 튼튼하게 자라려면
벌레의 영양분이
꼭 필요하답니다.

◀포충낭형, 벌레잡이통풀
벌레잡이주머니(포충낭) 속에
빠진 벌레를 잡아먹어요.

▲**포획형, 파리지옥** 파리가 잎에 앉으면 순식간에 잎몸을 닫아 잡아먹어요.

▼**끈끈이형, 긴잎끈끈이주걱** 긴 잎을 구부려 반으로 접거나 돌돌 말아 먹이를 감싸요.

1장 · 무시무시 벌레잡이식물

# 벌레잡이식물도 꽃을 피우나요?

벌레잡이식물도 예쁜 꽃을 피워요.
뛰어난 사냥 솜씨로 벌레를 많이 잡아먹으면,
꽃을 잘 피울 수 있어요. 벌레를 하나도 먹지 못하면
몸이 튼튼하지 못해 꽃을 피우기 힘들대요.
그런데 벌레잡이식물의 예쁜 꽃도 벌레를 잡아먹을까요?
벌레잡이식물의 꽃은 벌레를 잡아먹지 않아요.
다른 꽃들처럼 예쁘게 피었다가 씨앗을 맺지요.

▲**자주땅귀개 꽃** 8~10월에 자주색이나 옅은 분홍색 꽃이 펴요. 땅속에 벌레잡이주머니가 숨어 있지요.

▲**끈끈이주걱 꽃** 7월쯤 꽃줄기 끝에서 흰색 꽃 10송이 정도가 모여 펴요.

사라세니아 꽃

▲사라세니아
4~5월에
한 개의 꽃줄기에서
자주색 꽃이 펴요.

1장 · 무시무시 벌레잡이식물

# 파리지옥은 어떻게 파리를 잡아요?

파리는 아주 날쌔요. 하지만 아무리 날쌘 파리도 파리지옥의 잎몸에 들어오면 꼼짝없이 잡히지요. 잎몸 안쪽에서는 곤충이 좋아하는 향기가 나요. 향기에 이끌린 파리가 벌레잡이잎에 앉으면 날개처럼 벌어진 잎몸이 순식간에 닫혀요. 겨우 0.5초 만에 말이에요. 놀란 파리는 발버둥을 치지만 파리지옥의 잎몸은 더욱 힘껏 파리를 누르고, 잎몸 끝에 돋아난 긴 가시로 파리를 가둬요. 먹이를 잡은 파리지옥은 엄청 독한 소화액으로 파리를 천천히 녹여 먹어요.

▲**파리지옥** 잎몸 끝에 있는 멋진 가시 덕분에 '비너스의 눈썹'이라는 별명이 붙었어요.

★파리지옥이 먹이를 잡는 과정

① 파리가 향기를 맡고 파리지옥에 날아온다.

② 파리지옥의 잎몸에 파리가 앉는다.

③ 잎몸을 척! 하고 닫아 파리를 잡는다.

④ 7~10일이 지나면 소화가 끝나고 파리 껍질만 남는다.

1장 · 무시무시 벌레잡이식물

# 파리지옥은 죽은 파리도 먹어요?

파리지옥은 살아 있는 벌레만 잡아먹어요. 파리지옥의 잎몸 안쪽에는 세 개의 털이 뾰족 솟아 있는데, 이 뾰족 털을 건드리지 않거나 한 번만 건드리면 잎몸이 닫히지 않아요. 바람이나 돌멩이가 떨어져도 속지 않도록 한 번 정도는 그냥 넘기는 거예요. 하지만 40초 안에 뾰족털을 두 번 건드리거나, 두 개 이상의 뾰족 털을 동시에 건드리면 "먹이가 나타났다!" 하며 파리지옥은 재빨리 잎몸을 닫지요. 그래서 파리지옥은 살아 있는 먹이만 먹는 거예요.

◀▼ **파리지옥의 뾰족 털, 감각모**
날개 모양의 잎몸 안쪽에 세 쌍의 감각모가 나 있어요.

▲**파리지옥** 파리뿐만 아니라 나비나 거미, 무당벌레 같은 작은 벌레도 잡아먹어요.

# 벌레잡이제비꽃은 어떻게 벌레를 잡아요?

▲벌레잡이제비꽃 잎

벌레잡이제비꽃의 잎에는 짧고 가는 샘털이 많이 나 있어요. 털 끝에는 아주 작은 이슬방울 같은 것이 맺혀 있지요. 하지만 속지 마세요! 이 이슬방울이 벌레잡이제비꽃의 무시무시한 무기 점액이에요. 작은 벌레가 벌레잡이제비꽃의 잎에 내려앉으면 끈끈한 점액에 딱 붙어 꼼짝 못하거든요. 그때 벌레잡이제비꽃은 소화액을 내보내 벌레를 소화시키고 영양분을 흡수해요.

▲벌레잡이제비꽃 길게 올라온 꽃대에 자주색 꽃이 피어요.

▲벌레잡이제비꽃 잎 잎에 난 짧고 가는 샘털 끝에 끈적끈적한 점액이 맺혀 있어요.

▲자주벌레잡이제비꽃
잎 위로 떨어지는
것은 벌레든 먼지든
씨앗이든 가리지
않고 붙어요.

1장 · 무시무시 벌레잡이 식물

# 끈끈이주걱은 어떻게 생겼어요?

▲끈끈이주걱

끈끈이주걱은 작은 밥주걱 모양이에요. 끈끈이주걱의 잎몸에는 짧은 샘털이 있고, 털끝에는 이슬 같은 점액이 방울방울 맺혀 있어요. 이 점액에 파리가 앉았다가는 "아이쿠! 다리가 떨어지지 않아!" 하며 붙들리고 말지요. 다리가 딱 붙은 파리는 달아나려고 몸부림을 치지만 그럴수록 점액이 많이 나와 파리를 꼼짝 못하게 해요.

▲끈끈이주걱 잎몸 가장자리에 난 털은 길고 가운데는 짧아 벌레를 감싸기에 좋아요.

▲끈끈이주걱 잎의 샘털에서 나오는 점액에 붙은 나방을 잡아먹어요.

▶**끈끈이귀개** 끈끈이주걱의 사촌인 끈끈이귀개는 키가 10~30cm로 커서, 날아다니는 곤충을 잡기가 좋아요.

1장 · 무시무시 벌레잡이 식물

# 긴잎끈끈이주걱은 왜 잎몸을 말아요?

긴잎끈끈이주걱의 끈끈한 점액이 햇살에 반짝여요.
"아! 맛있는 꿀이다."
파리 한 마리가 날아와 긴잎끈끈이주걱에 철컥 붙었어요.
그 순간 잎몸에 난 샘털은 부지런히 파리 쪽으로 기울며
점액을 내보내요. 파리는 달아나려 하지만
긴잎끈끈이주걱은 긴 잎을 구부려 반으로 접거나
돌돌 말아 파리를 완전히 감싼답니다.
제아무리 힘센 파리도 옴짝달싹할 수 없게 말이에요.
이렇게 잡은 파리는 긴잎끈끈이주걱의 보약이에요.

★긴잎끈끈이주걱이 먹이를 잡는 과정

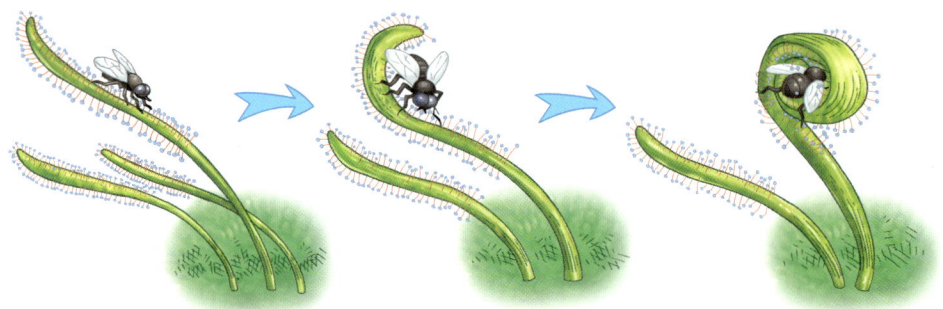

① 긴잎끈끈이주걱의 잎몸에 파리가 앉는다.
② 긴 잎몸이 반쯤 구부러진다.
③ 잎몸을 완전히 말아 파리가 도망가지 못하게 한다.

▲ **긴잎끈끈이주걱**
잠자리가 긴잎끈끈이주걱에 날아와 붙었어요.
이제 잠자리는 꼼짝 못해요.

1장 · 무시무시 벌레잡이식물

# 드로소필룸이 파리채보다 낫다고요?

옛날 아프리카 모로코 사람들은 파리채 대신 드로소필룸을 창문 앞에 심었대요. 키가 큰 드로소필룸이 창문으로 들어오는 파리를 모두 잡아주었거든요. 게다가 향기도 무척 좋아 파리채보다 인기가 좋았대요. 드로소필룸의 실처럼 가늘고 긴 잎몸에는 점액을 내보내는 털이 잔뜩 붙어 있어요. 끈끈이주걱의 샘털처럼 움직이거나 잎을 구부리지는 않지만, 드로소필룸은 아주 강력한 끈끈이로 한번 잡은 파리를 절대 놓아주지 않지요. 드로소필룸은 끈끈한 점액을 내보내는 털과 소화액이 나오는 샘이 따로 있어서 벌레가 붙으면 소화액 샘에서 소화액을 내보내요.

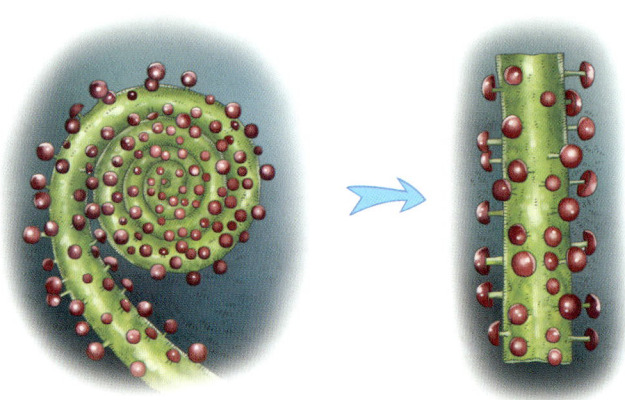

◀**드로소필룸** 돌돌 말린 잎몸은 시간이 지나면 곧게 펴져요.

▲**드로소필룸**
털 끝이 햇빛을 받으면 점점 붉게 변해요. 꿀 냄새를 퍼뜨려 벌레를 모으지요.

1장 · 무시무시 벌레잡이식물

# 사라세니아는 어떻게 벌레를 잡아요?

▲사라세니아의 꿀 냄새를 쫓아온 파리

달콤한 꿀 냄새를 맡고 찾아온 파리는 사라세니아 벌레잡이잎의 입구와 뚜껑 안쪽에서 기웃대다 벌레잡이잎 속으로 뚝 떨어지지요. 잎의 안쪽 벽에 난 가시털 때문에 미끄러지는 거예요. 미끄러진 파리는 통 속에 고인 물에 풍덩! 빠지고 말아요. 찰랑찰랑 고인 물에는 소화액이 섞여 있어 벌레를 소화시켜요.

▲사라세니아 잎 안쪽에 난 가시털
털이 아래쪽으로 나 있어 미끄러워요.

▲사라세니아 통 속 힘센 벌레도 고인 물에 날개가 젖어 달아날 수 없어요.

▲사라세니아 땅 위에 솟아 있는 나팔처럼 생겼어요. 트럼펫을 닮아 '트럼펫 주머니식물'이라고도 하지요.

1장 · 무시무시 벌레잡이식물

# 코브라를 닮은 벌레잡이식물이 있어요?

달링토니아를 보면 꼭 코브라가 머리를 들고 있는 것 같아요. 토끼가 깜짝 놀라 달아날 정도로 감쪽같지요. 하지만 달링토니아는 코브라가 아니라 벌레를 잡아먹는 벌레잡이식물이랍니다.

달링토니아의 구부러진 머리 밑에는 뱀의 혀처럼 쑥 나온 두 장의 잎이 있어요. 꿀 냄새를 맡고 날아온 벌레는 뱀의 혀 같은 잎에 편안히 앉았다가 꿀 냄새를 따라 구멍 속으로 들어갔다 통 안에 퐁당 빠지고 말지요. 달링토니아는 통 안의 벌레를 소화액으로 소화시켜 냠냠 맛있게 먹는답니다.

▲코브라　　　　　　　　▲달링토니아

▼달링토니아 코브라를 닮아 '코브라릴리'라고도 불려요.

# 가짜 창문이 있는 벌레잡이식물이 있어요?

달링토니아에 갇힌 벌레가 소화액에 퐁당 빠지기 전 위를 쳐다보니 밝은 빛이 들어오고 있어요.
"빛이 들어오는 곳에 빠져나갈 구멍이 있을 거야."
벌레는 온 힘을 다해 빛을 향해 날아가지만 밖으로 나가기는커녕 벽에 부딪혀 떨어지고 말아요.
빛이 들어오는 곳은 유리창처럼 얇고 투명하지만 막혀 있는 창문이거든요. 달링토니아는 벌레잡이잎에 빠진 벌레를 속이려고 가짜 창문을 만들어 놓은 거예요.

▲달링토니아 머리 부분의 얇고 투명한 막으로 햇빛을 들여보내요.

▲꼬마사라세니아 파리가 통 밖으로 나오려고 날갯짓을 하지만, 가짜 창문에 부딪히고 말아요.

▼**꼬마사라세니아의 벌레잡이잎과 꽃**
꼬마사라세니아도 창문이 있어요.
흰 점박이 무늬로 빛을 들여보내지요.

1장 · 무시무시 벌레잡이식물

# 호리병처럼 생긴 벌레잡이식물도 있나요?

벌레잡이통풀의 벌레잡이통은 꼭 호리병을 닮았어요. 달콤한 꿀샘으로 벌레를 끌어들이는 호리병이지요. 꿀냄새를 맡고 날아온 벌레는 "안에는 꿀이 더 많겠지?" 하며 벌레잡이통 속으로 발을 딛어요. 벌레잡이통 안쪽이 얼마나 미끄러운지 몰랐던 거예요. 결국 벌레는 통 속에 고인 물로 풍덩! 빠져 버둥대지요. 벌레가 많이 버둥댈수록 통 속에 소화액이 많이 나와 벌레를 빨리 소화시킨답니다.

▲벌레잡이통풀

◀벌레잡이통풀 가시
입구 안쪽에 뾰족한 가시들이 아래쪽으로 나 있어요.

▲벌레잡이통풀 벌레잡이통풀은 포도나무처럼 다른 물건을 감싸며 자라는 덩굴식물이에요.

1장 · 무시무시 벌레잡이식물

# 벌레잡이통풀 속의 물을 먹어도 돼요?

열대 숲의 원숭이들은 목이 마를 때 벌레잡이통에 담긴 물을 마신대요. 사람도 이 물을 마실 수 있어요. 단, 벌레잡이통의 뚜껑이 열리지 않은 것만 골라 마셔야 해요. 오래전에 뚜껑이 열린 벌레잡이통에는 끈적한 소화액과 함께 온갖 벌레 껍질이 꽉 차 있을 테니까요. 벌레잡이통풀의 벌레잡이통은 잎이 변한 거예요. 잎 끝이 덩굴처럼 길게 늘어났다가 조금씩 조금씩 부풀면서 주머니 모양으로 변하고, 주머니의 안쪽이 더욱 부풀면 속에 물이 차지요. 물이 가득 차면 벌레잡이통풀은 그제야 뚜껑을 열고 벌레를 불러들여요.

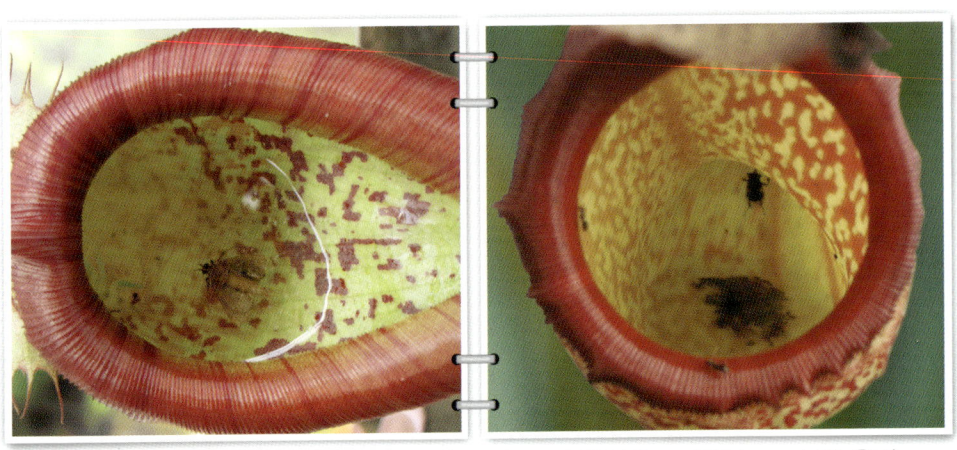

▲**벌레잡이통풀 속** 언제나 일정한 양의 물이 고여 있어요. 그리고 그 속에 온갖 벌레들이 까맣게 죽어 있지요.

## ★벌레잡이통풀이 자라는 과정

① 잎 끝이 뾰족하게 길어진다.

② 잎 끝이 살짝 부풀기 시작한다.

③ 점점 더 부풀고, 안에 물이 차오른다.

④ 뚜껑이 열리고, 벌레 사냥을 시작한다.

# 쥐똥을 좋아하는 벌레잡이식물이 있어요?

1장 · 무시무시 벌레잡이식물

▲**로우벌레잡이통풀** 높은 산에 사는 로우벌레잡이통풀도 쥐나 새의 똥을 먹어요.

라자벌레잡이통풀은 엄청나게 커요. 벌레잡이통의 크기가 커다란 수박만 하거든요. 사람들은 라자벌레잡이통풀이 쥐나 새, 개구리 같은 동물을 잡아먹으려고 벌레잡이통을 크게 만든 줄 알았어요. 하지만 라자벌레잡이통풀은 쥐보다 똥을 더 좋아한대요. 특히 같은 숲에 사는 나무두더쥐의 똥을 무척 좋아해요. 라자벌레잡이통풀은 나무두더쥐가 찾아와 편안히 꿀을 먹고 똥을 쌀 수 있게, 나무두더쥐의 크기에 맞춰 벌레잡이통을 크게 만들었어요. 쥐똥에는 벌레잡이식물에게 꼭 필요한 여러 영양분이 들어 있으니까요.

◀라자벌레잡이통풀
똥 외에도 작은 동물이나 개구리를 먹기도 해요. 현재는 멸종 위기 식물로 지정되어 있어요.

# 벌레잡이통풀과 닮은 식물도 있나요?

오스트레일리아에 사는 세팔로투스는 벌레잡이통풀과 닮았어요. 벌레잡이통의 모양도, 벌레를 잡는 방법도 비슷하지요. 꿀 냄새를 맡고 찾아온 개미가 미끄러져 안으로 떨어지면, 고여 있던 소화액으로 녹여 먹거든요. 하지만 벌레잡이통이 만들어지는 과정이 달라요. 벌레잡이통풀은 잎 끝이 벌레잡이통으로 변하지만 세팔로투스는 처음부터 벌레잡이잎과 주걱 모양의 보통 잎이 따로따로 생겨나지요.

▲**세팔로투스** 벌레잡이통풀과 달리 뚜껑을 열었다 닫았다 할 수 있어요.

▼세팔로투스
햇빛을 많이 받으면 아름다운 자주색으로 변해요.

1장 · 무시무시 벌레잡이식물

# 벌레잡이식물에 사는 벌레도 있어요?

쌍가시 벌레잡이통풀에는 슈미치개미가 살고 있어요. 슈미치개미와 쌍가시 벌레잡이통풀은 서로 돕고 살아요. 슈미치개미는 쌍가시 벌레잡이통풀의 줄기 속에 살면서 벌레잡이통 속을 헤엄치며 벌레들을 주워 먹어요. 큰 벌레는 먹다 버리기도 하고, 똥도 싸지요. 덕분에 쌍가시 벌레잡이통풀은 벌레를 쉽게 소화하고 덤으로 개미 똥에서 영양분도 얻어요.
거미는 벌레잡이통풀 입구에 거미줄을 쳐 놓고 벌레잡이통 속으로 들어가는 벌레를 잡아먹어요. 그러다 실수로 벌레잡이통에 빠지면 거미도 벌레잡이통풀의 먹이가 되지요.

▲벌레잡이통풀 입구에 거미줄을 친 거미

▲쌍가시 벌레잡이통풀의 줄기에 사는 슈미치개미

# 벌레가 빠져 죽는 옹달샘이 있어요?

▲브로키니아의 옹달샘

열대지방의 큰 나무에 얹혀사는 브로키니아는 나무 위의 옹달샘 같아요. 파인애플처럼 단단한 잎이 겹겹이 나 있어 잎 가운데 물이 고이거든요. 나무 위에 사는 작은 동물과 벌레들은 종종 브로키니아의 옹달샘을 찾지요. 벌레들은 특히 브로키니아가 풍기는 달콤한 꿀 냄새를 맡고 찾아와요. 그런데 브로키니아의 옹달샘을 찾아온 벌레들은 살아 돌아가기 힘들어요. 옹달샘에 발을 내딛는 순간 미끄러져 물속에 빠지거든요. 벌레가 빠지면 브로키니아는 옹달샘 속에 사는 미생물(눈으로 볼 수 없는 작은 생물)의 도움으로 벌레를 소화시켜요.

▶브로키니아에 사는 개구리
브로키니아의 옹달샘에서 꿀 냄새를 쫓아온 벌레들을 잡아먹고 살아요.

▼ 브로키니아
크기가 30~60cm로 꽤 커요.
잎 안쪽 면에 가루가 덮여 있어 벌레들이
기어오르려고 하면 벽의 일부가 힘없이 벗겨져요.

1장 · 무시무시 벌레잡이식물

# 땅속 벌레를 잡아먹는 식물이 있어요?

땅귀개는 끈끈한 점액을 내뿜는 샘털도, 벌레잡이통도, 벌레잡이잎도 없어요. 하지만 엄연히 벌레잡이식물이랍니다. 땅귀개는 땅속에 사는 벌레를 잡아먹거든요. 땅귀개는 줄기를 땅속으로 뻗으며 자라요. 이 땅속 줄기에 투명한 벌레잡이주머니가 달려 있지요. 벌레잡이주머니는 아주 작아서 땅속에 사는 작은 벌레나 미생물을 잡아먹어요. 땅귀개의 벌레잡이주머니는 미생물을 물과 함께 쏙 빨아들이지요.

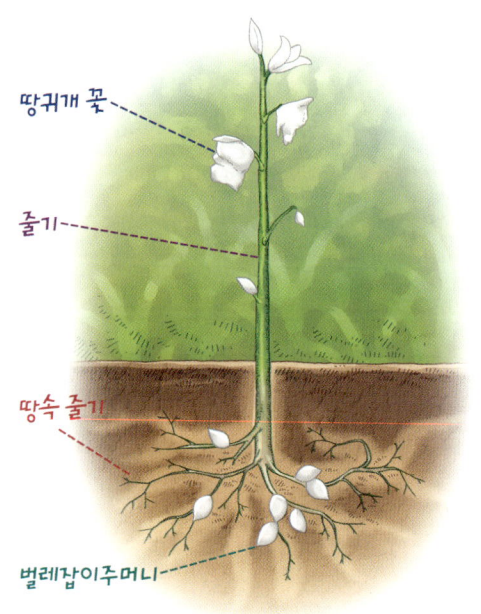

▲땅귀개 구조

▲**이삭귀개** 땅귀개처럼 땅속줄기에 벌레잡이주머니가 달려 있어요.

▲**자주땅귀개** 꽃줄기의 모양이 귀지를 파내는 귀이개와 비슷하게 생겼어요.

1장 · 무시무시 벌레잡이식물

# 물속에 사는 벌레잡이식물이 있어요?

연못이나 논과 같은 고인 물속에도 벌레잡이식물이 살고 있어요. '벌레먹이말'과 '통발'이에요. 벌레먹이말과 통발은 장구벌레나 물벼룩 같이 아주 작은 벌레를 잡아먹지요.
옛날에는 우리나라에 벌레먹이말과 통발이 많이 살았어요. 그런데 지금은 벌레잡이식물이 살 수 있는 좋은 습지들이 사라져서 찾아보기 힘들답니다.

★연못에 사는 다양한 식물들

▲**벌레먹이말** 벌레잡이잎몸은 5mm 정도로 아주 작아요.

▲**통발** 투명하고 작은 벌레잡이주머니에 먹이가 잡히면 까맣게 변해요.

▲개구리밥
▲부레옥잠
▲마름
▲검정말
▲나사말
▲붕어마름

1장 · 무시무시 벌레잡이식물

# 벌레먹이말은 얼마나 빨리 사냥을 해요?

벌레먹이말은 가는 줄기 끝에 조개처럼 생긴 투명한 벌레잡이잎몸을 대롱대롱 달고 있어요.
잎몸 안에는 가는 털이 수십 개 나 있고요.
물벼룩이 잎몸 속에 들어왔다가 털을 하나라도 건드리면 잎몸은 탁! 하고 번개처럼 닫혀요.
벌레먹이말의 사냥 방법은 파리지옥과 꼭 닮았지만 속도는 벌레먹이말이 훨씬 빠르지요.
먹이를 잡은 벌레먹이말은 벌레의 체액을 빨아 먹어요.

▲**벌레먹이말** 작은 장구벌레가 벌레먹이말 잎몸의 감각모를 건드렸어요.

▲벌레먹이말
뿌리도 없이 물에 둥둥 떠다니며 살아요.

# 통발은 물속의 진공청소기인가요?

통발의 잎 끝에는 벌레잡이주머니가 주렁주렁 달려 있어요. 투명한 벌레잡이주머니에는 물도, 공기도 들어 있지 않아요. 물벼룩이 지나가다 벌레잡이주머니 입구에 난 두 쌍의 가시를 건드리면, 주머니의 문이 안으로 쑥 열리면서 물과 함께 물벼룩이 빨려 들어가요. 마치 진공청소기가 먼지를 쏙 빨아들이는 것처럼요. 먹이를 다 먹으면 벌레잡이주머니에 가득 찬 물을 밖으로 내보내 주머니를 비워요. 다음 벌레 사냥을 위해서지요.

▼**통발** 벌레잡이주머니에 먹이가 꽉 찰 때까지 여러 번 벌레를 잡을 수 있어요.

1장 · 무시무시 벌레잡이식물

◀벌레잡이통발
통발 하나에 수백 개 또는 수천 개의 벌레잡이 주머니가 달려 있어요.

# 신기신기 별난 식물

②

## 건드리면 잎을 접는 식물이 있어요?

'오므렸다, 폈다!'
미모사를 살짝 건드리면 재빨리 잎을 오므려 접어요.
옴츠린 잎을 계속 건드리면 가지까지 시든 것처럼
축 처지지요. 잎은 30분쯤 지나야 다시 펼쳐져요.
미모사는 밤에도 잎을 옴츠리고 있어요. 꼭 잠을 자고
있는 것처럼요. 미모사는 제 몸을 지키기 위해 잎을
옴츠리는 거예요. 동물이나 곤충이 미모사를 먹으러
왔다가 잎과 줄기가 마른 가지처럼 축 처진 것을 보면
"에이, 시들었잖아. 맛도 없겠군." 하며 다른 풀을
찾아갈 테니까요.

★미모사가 잎을 접는 과정

▲**소리에 반응하는 춤풀** 소리가 나면 춤을 추는 것처럼 잎을 까딱까딱 움직여요.

▲**감촉과 빛에 반응하는 미모사** 밤에도 잎이 오므라들고 처져요. 잎자루 밑에 있는 특수 세포에서 수분을 빠르게 내보내 잎을 접어요.

## 뿌리가 하늘로 솟은 나무가 있어요?

바오밥나무는 마치 뿌리가 하늘로 뻗은 것처럼 생겼어요. 나무 줄기가 뿌리 모양을 하고 있어서 그래요. 바오밥나무가 이렇게 생긴 까닭은 물이 부족한 아프리카 날씨 때문이에요. 잎을 통해 공기 중으로 날아가는 물을 아끼려고 가지를 짧게 만들고, 잎을 떨어뜨렸거든요. 하지만 비가 오는 계절에는 잎을 많이 만들고, 광합성을 하여 영양분을 얻지요.

2장 · 신기신기 별난 식물

바오밥나무의 통통한 줄기에는 물이 많이 들어 있어요.
비가 올 때 통통한 줄기에 물을 모아두었다가
비가 오지 않을 때 꺼내 쓰지요.

◀**바오밥나무** 5000년 가까이 사는 바오밥나무도 있어요. 나이가 많이 들면 속이 텅 비어 사람이 살기도 해요.

2장·신기신기 별난 식물

# 선인장 아파트에는 누가 살아요?

사와로 선인장에 가장 먼저 찾아오는 손님은 딱따구리예요. 딱따구리는 사와로 선인장에 구멍을 뚫어 직접 둥지를 마련하지요. 하지만 새끼들이 자란 뒤에는 구멍을 버리고 떠나 버려요.

올빼미, 딱새들은 "이때다!" 하고 버려진 구멍에 둥지를 틀어요. 사와로 선인장의 구멍은 낮에는 시원하고 밤에는 따뜻해 살기 좋거든요. 사와로 선인장이 머금고 있는 물이 선인장의 온도가 너무 높아지거나 낮아지는 것을 막아 주기 때문이에요.

◀사와로 선인장
150~200년을 살아요. 매우 더디게 자라는데, 다 자라면 키가 15m나 되기도 해요.

▶사와로 선인장과 딱따구리
50년 정도가 되면 처음 하얀 꽃을 피워요. 새들은 선인장의 수액과 붉은 열매를 먹으며 살아가요.

2장 · 신기신기 별난 식물

# 세상에서 가장 키 큰 나무는 뭐예요?

미국 캘리포니아 해안에 길게 뻗어 있는 레드우드국립공원에는 키가 큰 세쿼이아삼나무가 아주 많아요. 그중에서 가장 키가 큰 나무는 '하이페리언'이라 불리는 나무랍니다. 키는 115미터, 나이는 600살이나 되지요. 캘리포니아 내륙에 있는 세쿼이아국립공원에는 '제너럴 셔먼'이라는 이름을 가진 거대한 세쿼이아덴드론 삼나무가 살아요. 제너럴 셔먼은 키가 84미터로 하이페리언보다 작지만 몸집이 훨씬 두꺼워요. 둘레가 약 31미터로, 나이는 2,200살이나 된답니다.

◀ **하이페리언**
세상에서 가장 키가 큰 나무예요. 그리스신화에 나오는 '히페리온(높이 나는 자)'의 이름을 본떴지요.

끝이 안 보여!

▼**제너럴 셔먼** 세상에서 가장 몸집이 큰 나무예요. 미국의 유명한 장군의 이름 '윌리엄 셔먼'을 본떴지요.

# 세상에서 가장 큰 꽃은 뭐예요?

세상에서 가장 큰 꽃은 라플레시아예요.
꽃 한송이의 지름이 1미터, 무게는 11킬로그램이나
되지요. 라플레시아가 활짝 피면 세상에서 가장 큰
꽃답게 진한 향기가 나요.
그런데 달콤한 향기가 아니라 고약한 냄새랍니다.
라플레시아는 파리, 딱정벌레, 나무두더쥐 등 가루받이를
해 줄 곤충과 동물을 부르기 위해 고약한 냄새를 풍기는
거예요. 고약한 냄새는 꽃이 핀 후 며칠이 지나면 더욱
심해져요.

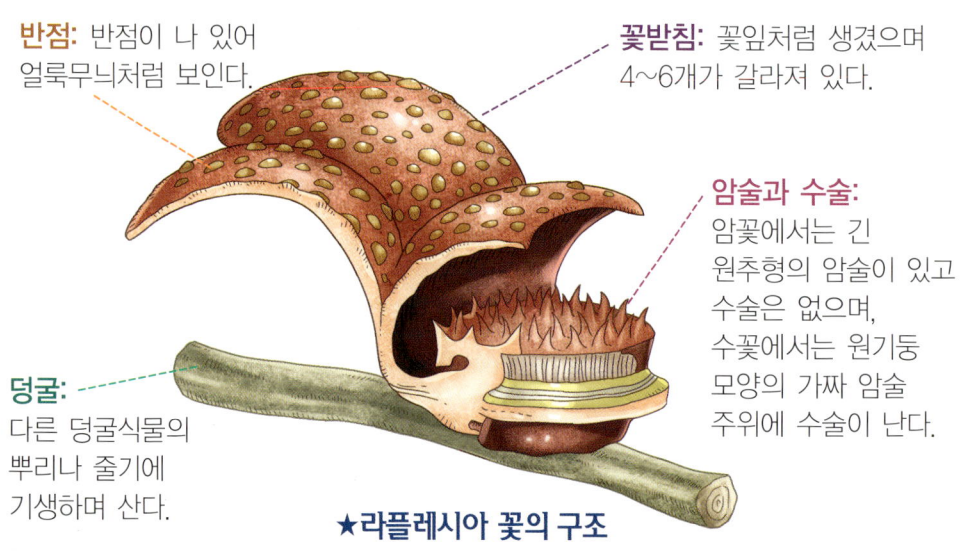

**반점:** 반점이 나 있어 얼룩무늬처럼 보인다.

**꽃받침:** 꽃잎처럼 생겼으며 4~6개가 갈라져 있다.

**암술과 수술:** 암꽃에서는 긴 원추형의 암술이 있고 수술은 없으며, 수꽃에서는 원기둥 모양의 가짜 암술 주위에 수술이 난다.

**덩굴:** 다른 덩굴식물의 뿌리나 줄기에 기생하며 산다.

★라플레시아 꽃의 구조

▲라플레시아 잎과 줄기, 뿌리가 없어요. 대신 다른 식물의 뿌리나 줄기에 기생하며 영양분을 얻지요.

2장 · 신기신기 별난 식물

▼ 큰가시연꽃에 앉은 검정카이만
큰가시연꽃은 빅토리아연꽃으로도 불려요.

## 사람이 올라갈 수 있는 연잎이 있나요?

물에 둥둥 떠 있는 큰가시연꽃의 잎은 엄청나게 커서 지름이 어른 키만큼이나 돼요. 질기기는 또 얼마나 질기다고요. 잎 위에 어린이가 앉아도 가라앉지 않을 정도예요. 꽃도 매우 커서 큰가시연꽃이 활짝 피면 지름이 40센티미터나 돼요. 저녁이 되면 큰가시연꽃은 크고 아름다운 꽃을 피운답니다.

## 연리지는 어떤 나무예요?

연리지는 원래는 둘이었지만 뿌리나 가지가 엉켜 하나가 된 나무를 말해요. 사람들은 연리지를 '사랑나무'라 부르기도 하지요. 연리지는 겉으로만 한 나무로 보이는 게 아니에요. 가까이 난 두 나무가 자라면서 서로 맞닿아 나무 속 세포까지 이어져 정말 하나의 나무가 된 거예요. 연리지가 되려면 적어도 10년이 걸리지요. 뿌리가 이어진 연리지는 한쪽 나무를 베어도 남은 나무의 밑동이 죽지 않고 살 수 있어요. 하나가 된 다른 나무에서 영양분을 빨아들이니까요.

◀전라남도 대흥사에 있는 연리근 뿌리가 붙은 연리지는 '연리근'이라고 해요.

▼**연리목** 가지가 붙은 연리지는 '연리목'이라고 해요.

2장 · 신기신기 별난 식물

# 걸어 다니는 나무가 있어요?

보통 나무는 한번 뿌리내린 곳에서 꼼짝없이
그대로 살아야 해요.
하지만 '걸어 다니는 야자'라는 뜻의 워킹팜은 사람이
걷는 것처럼 조금씩 움직여요.
그렇다고 사람처럼 다리가 있는 것은 아니에요.
처음부터 뿌리를 깊게 내리지 않고 있다가 햇볕을 따라
새로운 뿌리를 내고, 이전 뿌리는 죽어서 땅 위로 뜨지요.
워킹팜은 이런 방법으로 1년에 4센티미터 정도
움직일 수 있어요. 워킹팜은 중앙아메리카의
바로콜로라도 섬에서 산답니다.

**동물과 식물의 천국, 바로콜로라도 섬**
100여 년 전에 파나마운하를 만들 때 언덕에 물이 차오르면서
생긴 섬이에요. 지구상에서 열대 생물이 가장 잘 보존되어 있어,
동물·식물학자라면 꼭 가 보고 싶어 한답니다.

▲**워킹팜** 수많은 열대 식물들 사이에서 햇빛을 더 많이 차지하기 위해 움직여요.

2장 · 신기신기 별난 식물

## 털옷을 입은 꽃이 있어요?

높은 산 위는 여름에도 밤이 되면 무척 추워요. 그래서 높은 산에 사는 식물들은 추위에 얼어 죽지 않도록 특별한 털옷을 입지요.
알프스에 사는 에델바이스는 꽃잎에 가는 털이 촘촘히 나 있어 솜이불처럼 에델바이스 꽃을 따뜻하게 지켜 주어요. 히말라야에 사는 사우수레아도 잎이나 줄기에 긴 솜털이 나서 사우수레아를 감싸 주지요. 꽃이 필 때가 되면 솜털 위로 꽃이 올라와 피어나요. 알프스에 사는 솔다넬라의 줄기에는 아무리 추워도 얼지 않는 물이 들어 있어서 추운 날씨를 견디고 꽃을 피우지요.

**에델바이스**는 알프스를 상징하는 꽃이에요. 우리나라에서는 솜다리가 한국의 에델바이스로 불릴 만큼 꽃 모양이 매우 닮았어요.

▲**에델바이스** 꽃잎에 부드럽고 가는 털이 촘촘하게 나 있어요.

▼**솔다넬라** 알프스의 강한 추위에도 얼지 않는 물이 줄기에 들어 있어요.

2장 · 신기신기 별난 식물

# 돌멩이처럼 생긴 풀이 있어요?

사막에서 동글동글, 매끈매끈한 돌멩이를 본다면 진짜 돌인지 만져 보세요. 돌멩이처럼 생긴 잎을 가진 리톱스일지도 모르니까요.

리톱스는 잎이 무척 두툼하고, 잎속에는 물이 듬뿍 들어 있어요. 리톱스가 사는 사막은 바다가 가까워 안개가 자주 끼는데, 이 안개에서 물을 빨아들여 저장하지요. 리톱스는 돌멩이랑 무척 닮아서 식물만 보면 먹어 치우는 초식동물도 리톱스를 보고는 그냥 지나간대요.

★ 리톱스의 모습

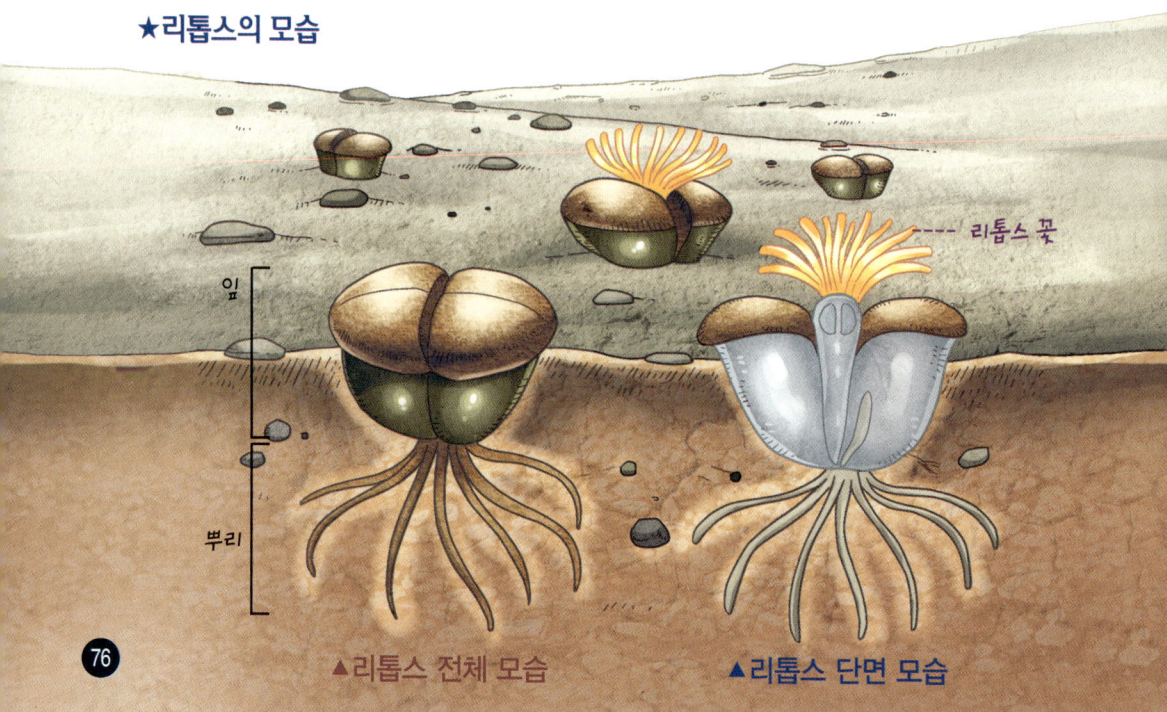

▲ 리톱스 전체 모습   ▲ 리톱스 단면 모습

▲리톱스 '살아 있는 돌', '꽃 피는 돌'이라 불리지요.

# 시계를 꼭 닮은 꽃이 있나요?

시계꽃은 시계를 꼭 닮았어요. 꽃의 맨 위에 있는 세 개의 암술대는 큰 바늘, 작은 바늘, 초바늘 같고, 아래쪽의 동그란 꽃받침은 숫자판 같지요. '똑딱똑딱' 시계 소리가 날 것 같은 시계꽃은 독이 있어서 곤충들에게 인기가 없어요. 하지만 헬리콘나비는 시계꽃에 알을 낳고, 애벌레는 잎을 갉아먹지요. 시계꽃은 헬리콘나비를 피하기 위해 자신의 잎에 노란 가짜 알을 만들어요. 헬리콘나비는 잎 하나에 알을 하나만 낳기 때문에 가짜 알이 있는 잎은 피하거든요.

▲**시계꽃** 꽃 모양이 꼭 시계를 닮았어요.

▲**시계꽃과 헬리콘나비** 모든 시계꽃이 가짜 알을 만들지는 않아요. 헬리콘나비가 많은 곳에 있는 시계꽃만 이런 꾀를 내지요.

2장 · 신기신기 별난 식물

# 색깔이 변하는 꽃이 있어요?

백합꽃은 처음 필 때도 흰색, 질 때도 흰색이에요.
빨간 장미도 꽃이 필 때부터 질 때까지 빨간색이지요.
대부분의 꽃은 봉오리 때부터 활짝 필 때까지
한 가지 색이에요. 하지만 어떤 꽃들은 흙에 따라,
온도에 따라 색깔이 달라져요.
인동꽃은 처음 피었을 때는 흰색이었다가 점차 시들면
노란색으로 변해요. 분홍 수국을 심은 땅에 비료를 많이
주면 파란색으로 변해요. 보통 연보라색인 라일락은
기온이 30도가 넘어가면 흰색 꽃이 피기도 하지요.

◀ 인동꽃 흰 꽃에는 꿀이 있지만 노란 꽃에는 꿀이 없어요. 곤충이 꿀이 없는 꽃을 찾지 않도록 배려한 거예요.

▲**수국** 꽃 색이 바뀌어서 그런지, 수국의 꽃말은 '변하기 쉬운 마음'이에요.

# 똥 냄새가 나는 과일이 있어요?

'과일의 황제'라고 불리는 두리안은 무척 달콤하고 부드러워요. 하지만 두리안을 처음 본 사람들은 코를 쥐어 싸고 말 거예요. 두리안에서는 양파 썩는 냄새, 똥 냄새, 방귀 냄새 같은 요상한 냄새가 나거든요. 열대 숲에서 두리안 열매가 익으면 고약한 냄새는 1킬로미터 밖까지 퍼져요. 하지만 숲에서 두리안을 찾기는 어려워요. 맛이 좋아서 오랑우탄, 원숭이, 다람쥐가 먼저 먹어 버리거든요.

★다양한 열대 과일들

▲구아바    ▲리츠    ▲구즈베리

▲드레곤플룻    ▲람부탄    ▲말레이애플

▲**과일의 황제, 두리안** 뾰족뾰족 가시가 돋아난 단단한 껍질 속은 노랗고 물렁물렁해요. 속에서는 냄새가 하나도 안 나지요.

▼**과일의 왕비, 망고스틴** 두툼한 껍질을 까면 달콤한 하얀 속살이 나와요.

2장 · 신기신기 별난 식물

## 야자나무는 나무인가요?

야자나무는 키가 무척 커요. 줄기 끝에서 새 잎이 올라오며 꼭대기가 점점 높아져 키가 커지지요. 그런데 야자나무는 키만 훌쩍 클 뿐 기둥이 굵어지지 않고 나이테도 생기지 않아요. 이름에 '나무'가 붙어 있지만 야자나무는 나무가 아니기 때문이에요.

'나무'는 부름켜(형성층)가 있어서 줄기가 굵어지는 식물을 뜻해요. 나무들은 보통 줄기가 굵어지면서 기둥에 나이테라는 무늬가 생기지요. 대나무와 바나나도 나무처럼 보이지만 부름켜가 없어 나무가 아니랍니다.

◀ **야자나무** 대부분 열대 지방에 살아요. 30~40년 정도를 자란 뒤 열매를 맺으면 키가 크는 것을 멈춰요.

▲**바나나** 야자나무처럼 새 잎이 올라오며 키가 커져요.

▲**대나무** 줄기 속이 텅 비어 있어요.

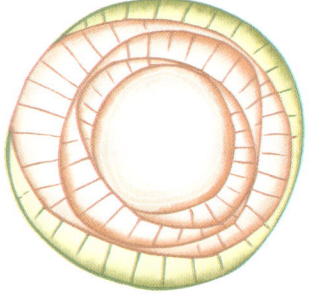

▲나이테가 있는 나무 줄기

▲잎이 겹쳐진 바나나 줄기

▲속이 텅 빈 대나무 줄기

# 벌을 속이는 꽃이 있어요?

번들거리는 날개, 부숭부숭한 털, 거울난초는 꼭 말벌의 암벌처럼 생겼어요. 수벌을 부르는 향기까지 닮았지요. 수벌은 거울난초의 감쪽 같은 모습에 속아 짝짓기를 하러 오지만 꽃가루만 잔뜩 뒤집어쓰고 말아요. 화가 난 수벌은 다른 암벌을 찾아가지만 번번이 거울난초에 속아 꽃가루만 옮기고 다니지요.
수벌이 암벌을 찾아 거울난초 사이를 헤매는 동안 거울난초는 자연스럽게 가루받이에 성공하지요.

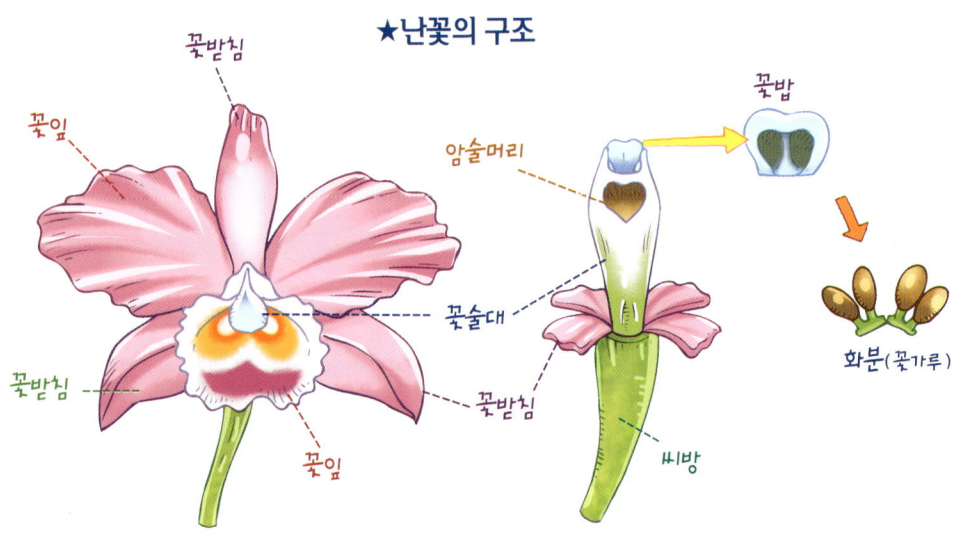

★난꽃의 구조

▲**난초** 꽃가루를 옮겨 주는 곤충의 모습을 닮아 곤충을 속여요.

▼**거울난초** 말벌 암컷이 내는 향기도 똑같은 냄새를 풍겨 말벌 수컷을 끌어들여요.

## 흙 없는 공중에서 식물이 살 수 있어요?

틸란지아는 다른 나무에 얹혀사는 식물이에요.
거꾸로 매달려 있으면 오히려 빨리 자라는 특징이
있지요.
틸란지아는 뿌리가 아니라 잎에 있는 은회색 솜털에서
양분을 얻어 자라요. 그래서 흙이나 영양분을
얻을 수 있는 다른 식물에 뿌리내리지 않아도 돼요.
틸란지아는 비가 오지 않아 건조할 때에도 잘 자라는
강인한 생명력을 갖고 있기도 하지요. 하지만 땅에
심으면 오히려 뿌리가 밑동부터 썩고 말아요.
틸란지아는 가늘고 긴 줄기가 잎을 늘어뜨려 자라기
때문에 꼭 산신령의 수염처럼 보인답니다.

> **틸란지아**는 흙 없이도 아무데서나 잘 자라기 때문에
> 집 안 화단에 두고 기르는 애완식물이기도 해요.

▲**틸란지아** 줄기와 잎이 다른 나무에 거꾸로 매달려 자라기 때문에 산신령의 수염처럼 보이기도 해요.

2장 · 신기신기 별난 식물

# 개미를 키우는 나무도 있어요?

아프리카에 사는 쇠뿔아카시아는 소뿔처럼 크고 날카로운 가시가 있어요. 가시를 자세히 보면 작은 구멍이 뚫려 있는데, 그곳이 바로 개미의 집이랍니다. 쇠뿔아카시아와 개미는 서로 도우며 살지요. 쇠뿔아카시아는 개미가 집을 지을 수 있도록 가시를 부풀려 주고, 꿀을 먹이로 주어요.
집과 먹이를 받은 개미는 쇠뿔아카시아를 먹으려는 초식동물을 쫓아내 주어요. 초식동물이나 곤충이 다가오면 여럿이 몰려가 물어뜯고 공격하여 쇠뿔아카시아를 지키지요.

▲ **쇠뿔아카시아 열매** 개미가 쇠뿔아카시아 열매 속에 있는 씨앗을 먹어요.

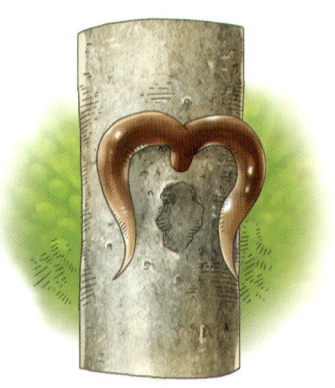

▲ **쇠뿔아카시아 가시** 쇠뿔 모양을 닮았어요.

▲**쇠뿔아카시아** 수도매먹스 개미는 쇠뿔아카시아에 살면서, 근처에 다른 식물이 돋아나면 달려가 싹을 잘라내기도 해요.

# 화살통나무는 왜 잎을 떨어뜨려요?

화살통나무는 나뭇가지 끝에 알로에를 닮은 두툼한 잎을 달고 있어요. 잎 속에는 물이 듬뿍 들어 있지요. 그런데 햇빛이 강하고 건조한 날씨가 계속되면 화살통나무는 스스로 나뭇잎을 떨어뜨려요. 굵은 나뭇가지 끝을 조여 가늘게 한 다음 나뭇잎을 뚝 떼어 버리는 거예요. 나뭇잎으로 빠져나가는 물기를 아끼기 위해서지요. 가뭄을 오래 견뎌 낸 화살통나무에는 잎이 없는 뭉툭한 가지가 아주 많아요. 한 번 잘라 낸 가지에는 다시는 잎이 돋아나지 않거든요.

▲**알로에** 두꺼운 잎 속에 물기가 많아요.

◀**화살통나무의 유래**
원주민들이 나뭇가지 속을 파 내고 화살통으로 써서 화살통나무라 불려요.

◀ **화살통나무**
나미브 사막에 살아요. 하얀 가루로 덮여 있어 강한 햇빛을 반사하기 때문에 몸의 온도를 낮출 수 있어요.

2장 · 신기신기 별난 식물

▼**새장달맞이꽃** 미국 서부의 사막에 살아요. 강렬한 햇빛에 말라 죽으면 뿌리를 드러낸 채 굴러다녀요.

# 새장달맞이꽃은 왜 사막을 굴러다녀요?

새장달맞이꽃은 사막을 굴러다니는 죽은 가지처럼 보이지만 생명의 씨앗을 품고 있어요.
새장달맞이꽃은 모래언덕의 그늘에서 살면서 긴 뿌리를 땅으로 뻗어 물을 찾고 가끔씩 내리는 아침 이슬을 받아요. 하지만 거센 바람이 불어 모래언덕이 멀리 이동하면 그늘은 순식간에 사라지고 새장달맞이꽃은 속이 텅 빈 동그란 공처럼 말라 죽어요.
텅 빈 마른 풀은 바람을 따라 떠돌다 운이 좋으면 모래언덕의 그늘로 들어가 새 생명을 준비해요.
햇빛을 받아 깍지 속의 씨앗이 튀어나오면 모래언덕 아래서 뿌리를 내리고 싹이 트는 거예요.

# 미선나무는 우리나라에만 있나요?

이른 봄, 햇볕이 잘 드는 산기슭에 미선나무 꽃이 피었어요. 미선나무는 오직 우리나라에만 사는, 단 한 종류뿐인 희귀한 식물이에요. 우리나라에서는 미선나무가 모여 자라는 곳을 천연기념물로 지정하여 보호하고 있지요.
'미선'은 대나무를 가늘게 쪼개서 종이를 앞뒤로 붙인 둥근 부채예요. 미선나무는 납작하고 둥근 열매가 미선 부채를 닮았다고 붙여진 이름이지요. 우리나라에는 미선나무 이외에도 개느삼, 매미꽃, 금강초롱을 비롯한 500여 가지의 특산 식물이 자라고 있어요.

▲미선나무 열매가 미선 부채를 닮았어요.

◀미선나무 열매
초록색 열매가 9월이 되면 갈색으로 익어요.

◀미선나무 꽃
3~4월에 잎보다 꽃이 먼저 피어요.

# 불에 타야 꽃을 피우는 식물이 있어요?

▲그래스트리

호주에 사는 그래스트리는 산불이 나야 꽃을 피울 수 있어요. 산불이 나면 그래스트리의 잎은 보기에도 끔찍한 불길에 휩싸이지요. 하지만 줄기는 불에 강한 껍질로 둘러싸여 있어 타지 않고 살아남아요. 산불이 꺼지면 살아 있는 줄기는 새 잎을 무성하게 내밀어요. 그렇게 몇 달이 지나면 잎 가운데에서 굵은 꽃줄기(꽃대)가 솟아올라 꽃이 피지요.

그래스트리는 자라는 속도가 매우 느려 1년에 겨우 3센티미터쯤 자란대요.

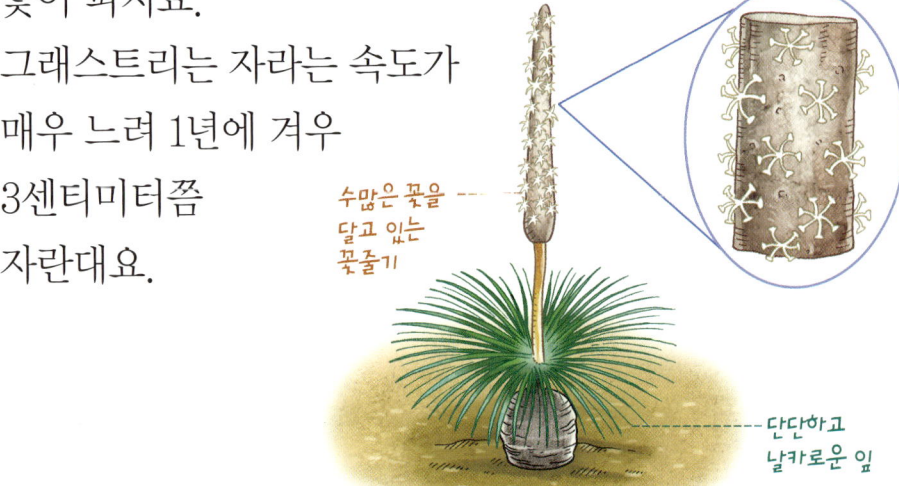

수많은 꽃을 달고 있는 꽃줄기

단단하고 날카로운 잎

▼그래스트리
식물들이 탈 때 나오는 가스가 줄기에 스며들면 꽃을 피워요.

# ③ 오싹오싹 독·희귀 식물

# 독을 쏘는 풀이 있어요?

3장·오싹오싹 독·희귀 식물

▲ 쐐기풀 쐐기풀을 뜯을 때는 도구를 써서 피부에 닿지 않게 해요.

풀에 살짝 스쳤는데 피부가 따끔하게 아프다고요? 혹시 독이 있는 쐐기풀에게 쏘였는지도 몰라요. 쐐기풀에는 주삿바늘 같은 쐐기털이 붙어 있거든요. 쐐기풀을 살짝 건드리면, 쐐기털이

▼ 쐐기풀 한국과 일본에서 자라요.

유리조각처럼 날카롭게 부서지며 살갗에 상처를 입히지요. 그와 동시에 털 속에 있는 독이 피부 속으로 들어가 피부를 퉁퉁 붓게 만들어요.
특히 쐐기풀을 먹으려다 입안을 쏘인 초식동물들은 따끔하고 얼얼해서 무척 괴로워하지요. 쐐기풀은 잎을 뜯어먹으려는 초식동물들을 쫓으려고 쐐기털을 쏘거든요.

▼**안젤리카** 안젤리카는 쐐기풀과 닮았지만 독이 없어요. 쐐기풀인 척하면 동물들에게 먹히지 않을까 봐 쐐기풀을 닮게 되었지요.

# 다른 나무를 휘감아 죽이는 나무가 있어요?

교살무화과 씨앗은 큰 나뭇가지 위에서 싹을 틔운 다음 뿌리를 밑으로 뻗어 내려요. 뿌리로 자신이 얹혀사는 큰 나무를 꽉꽉 조여 그 나무가 더는 자랄 수 없게 만드는 거예요.
마침내 뿌리가 땅에 닿으면 교살무화과는 세차게 물을 빨아들이며 쑥쑥 자라요.
원래 있던 큰 나무는 교살무화과가 너무나 꽉 조이는 바람에 물을 빨아들이지 못해 결국 말라 죽지요.

▼**교살무화과** 타고 올라간 나무가 말라죽으면 속이 텅 비어요.

▲**교살무화과** 큰 나뭇가지 사이에 낀 흙이나 낙엽에서 물과 영양분을 얻어 살다가 원래 있던 나무를 죽이고 혼자 살아요.

3장 · 오싹오싹 독 · 희귀 식물

# 타이탄아룸을 왜 시체꽃이라고 불러요?

타이탄아룸의 냄새는 사람을 기절시킬 정도로 고약해요. 꼭 시체 썩는 냄새를 풍긴다고 해서 '시체꽃'이라고도 불리지요. 어떤 화가는 타이탄아룸을 그리려고 갔다가 꽃의 냄새를 맡고 기절할 뻔했다고 해요.
하지만 실제로 타이탄아룸의 냄새를 맡기는 어려워요.
7~8년에 한 번, 이틀 동안만 꽃이 피는데다,
꽃이 시들면 냄새가 거의
사라지기 때문이지요.
타이탄아룸은
고기 썩는 냄새로
파리 같은 곤충들을
불러들인 뒤,
꽃가루를
옮기게 하지요.

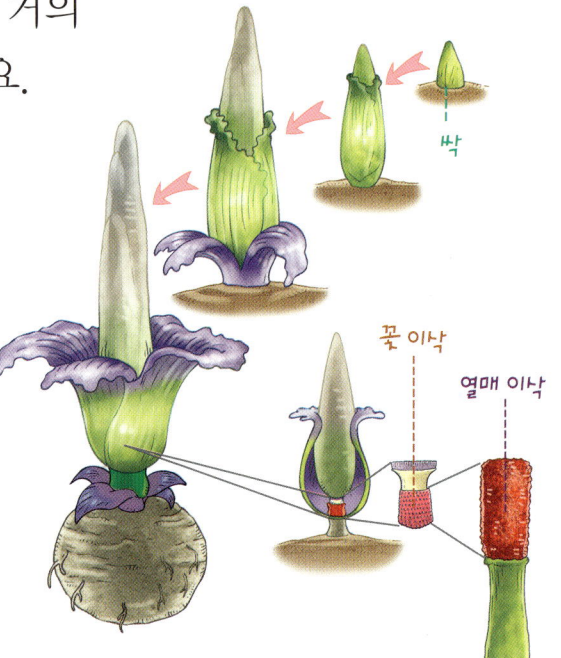

★타이탄아룸이 자라나는 과정

▼**타이탄아룸**
냄새가 하도 지독해서 800m 밖에서도 맡을 수 있어요. 지독한 냄새 때문에 꽃을 갉아 먹으려는 벌레들은 얼씬하지 못해요.

# 죽은말아룸은 왜 검정파리를 가둬요?

죽은말아룸이 피면 검정파리가 구름떼처럼 몰려들어요. 검정파리는 죽은말아룸이 풍기는 썩은 고기 냄새를 무척 좋아하거든요.
검정파리 암컷은 종종 죽은말아룸 수꽃에 들어갔다가 꽃가루만 뒤집어쓰고 나와요. 그러다 죽은말아룸 암꽃에 들어가면 썩은 고기인 줄 알고 알을 낳지요. 알에서 구더기가 나오면 썩은 고기를 먹고 잘 자랄 줄 알고요. 그런데 죽은말아룸에 들어간 검정파리는 꼼짝없이 하루를 갇혀 있어야 해요. 검정파리가 들어간 순간 죽은말아룸이 파리가 들어간 구멍을 막아버리거든요. 검정파리는 갇혀 있는 동안 죽은말아룸의 가루받이를 해 주지만 정작 자신은 숨이 막혀 죽고 말지요.

**죽은말아룸**에 낳은 파리의 알은 어떻게 되었냐고요?
알에서 구더기들이 깨어나지만 먹을거리가 없어 결국 죽고 말아요.
검정파리 암컷은 죽은말아룸에게 꼼짝없이 속은 거예요.

▲**죽은말아룸**
썩은 고깃덩어리처럼 생긴 모양도
검정파리를 속이는 데 한몫하지요.

3장 · 오싹오싹 독 · 희귀 식물

# 벨비치아는 죽었나요, 살았나요?

아프리카 사막에 가면 기다랗고 시든 잎을 볼 수 있어요. 꼭 죽은 식물처럼 보이지만 엄연히 살아 있는 식물인 '벨비치아'랍니다.

벨비치아는 고깔을 뒤집어 놓은 것처럼 생긴 땅속줄기에 나란이맥 잎 두 개가 길게 자라요. 벨비치아 잎은 자라면서 숫자가 늘어 사방으로 퍼지고 이리저리 꼬여, 끝이 말라 지저분해져요. 벨비치아는 이런 이상한 모습으로 2,000살까지 산답니다.

◀벨비치아

긴 잎으로 공기 중의 물방울을 받아 뿌리가 있는 땅으로 흐르게 만들어요. 그러면 뿌리가 물을 많이 먹을 수 있으니까요.

# 새삼을 왜 '악마의 실'이라고 불러요?

새삼은 다른 나무의 영양분을 쪽쪽 빨아 먹어 결국 죽게 만드는 기생식물이에요. 그래서 '악마의 실'이라는 무시무시한 별명이 붙었지요.

땅에서 싹을 틔운 새삼은 가는 덩굴손(가지나 잎이 실처럼 변해 다른 식물을 감는 가는 덩굴)을 이용해 튼튼한 식물을 찾아 올라가요. 일단 다른 식물에 오르면 기생근을 내어 줄기에 박고 물과 영양분을 빨아 먹으며 필요 없어진 제 뿌리는 똑 잘라 내지요. 영양분을 빼앗긴 식물이 말라 죽으면, 곧바로 다른 식물을 타고 올라가 또 영양분을 빼앗아 풍성하게 자라요.

◀ **크리스마스나무**
오스트레일리아에 살며 크리스마스 무렵에 꽃을 피워요. 다른 식물의 뿌리에 자신의 기생근을 박고 물과 양분을 빨아들이는 기생식물이에요.

▲**실새삼**
잎이 없고, 줄기만 있어요.
다른 식물의 영양분을 빨아 먹기 때문에
잎이 필요 없지요.

# 못처럼 생긴 가시가 있는 식물이 뭐예요?

공작야자는 줄기 끝에서 난 잎이 사방으로 활짝 펼쳐져요. 길쭉한 야자 잎과 달리 잎 끝이 둘로 갈라져 있어 꼭 공작 꼬리처럼 우아하지요.
공작야자와 닮았지만 줄기에 긴 못처럼 생긴 무시무시한 가시가 돋아난 식물도 있어요. 가시공작야자예요. 가시공작야자의 가시는 사마귀 같은 돌기 위에 날카로운 가시가 붙어 있는 모양이에요.

▲공작야자의 잎

◀가시공작야자의 날카로운 가시

# 부채선인장은 왜 무서운 가시가 있어요?

부채선인장은 납작한 부채를 여러 개 이어 붙인 것처럼 생겼어요. 하지만 덥다고 부채선인장을 부치면 큰일 나요. 부채에 난 가시에 찔릴 거예요.
부채선인장에는 2~3센티미터의 긴 가시와 짧지만 끝이 휘어진 작은 가시뭉치들이 군데군데 나 있어요.
단맛이 나는 부채선인장의 열매에도 듬성듬성 가시가 있어요. 동물들은 물과 영양이 가득 든 부채선인장의 열매를 먹으려다가 가시 때문에 혼쭐이 나지요. 부채선인장은 자신과 열매를 지키기 위해 가시를 만든 거예요.

◀**부채선인장** 열매는 '백년초'라고 불리는데 100가지 병을 고칠 수 있고, 100년 동안 건강하게 살게 해 준다는 약초예요.

▲**부채선인장** 열매가 열린 뒤 꽃이 피고, 꽃이 진 다음 열매가 자주색으로 익어요.

# 식물에게 강력한 무기가 있다고요?

애벌레는 풀을 먹고, 소도 풀을 먹고,
사람도 채소를 먹어요. 그래서 식물은 끊임없이
자신을 공격하는 곤충과 동물에 맞서 싸운답니다.
가시나 독은 곤충이나 동물에게 먹히지 않으려는
식물의 무기 가운데 하나예요.
그중 몇몇 독은 사람을 해칠 만큼 강하지만 대부분은
주로 자신에게 해를 끼치는 몇몇 곤충들에게만 해로워요.
다른 동물들까지 큰 피해를 입으면 초식동물은
모두 굶어 죽고 말 테니까요.

▲**검은딸기** 갈고리 가시가 무기예요.

▲**호랑가시나무** 단단한 잎이 무기예요.

▲**파** 파의 매운 성분은 해충들이 싫어하지만 사람의 몸에는 좋지요.

▼**협죽도** 예쁜 꽃을 피우는 협죽도의 즙은 사람을 죽일 수 있는 강한 독이 있어요.

# 독이 있는 식물은 다 나빠요?

▲디기탈리스 꽃

독이 아주 강한 식물을 잘못 먹으면 큰일 나요. 실제로 식물의 독을 잘못 먹고 죽은 사람도 많아요.
하지만 강한 식물의 독도 적당히 쓰면 약이 될 수 있어요. 디기탈리스의 꽃과 잎에는 심장을 멈추게 하는 강한 독이 있어요. 하지만 가장 좋은 심장병 약 중 하나는 디기탈리스의 독에서 뽑아 만든답니다.

▼디펜바키아
 잎 속에 독 성분이 있어서, 삼키면 혀와 입이 부풀어 말하는 데 어려움이 있어요.

▼디기탈리스
종 모양의 생김새 때문에 '요정의 모자'라고도 불려요.

# 뽑을 때 비명을 지르는 식물이 있나요?

맨드레이크는 땅에서 뽑을 때 비명을 지른다고 소문난 무서운 식물이에요.
옛날 사람들은 맨드레이크 속에 작은 남자의 영혼이 살고 있어, 뿌리를 뽑을 때 비명을 지른다고 생각했어요. 사람 다리처럼 생긴 뿌리와 독성 때문에 미신과 전설이 많았던 거예요.
하지만 맨드레이크는 인삼이나 도라지와 닮은 식물이에요. 맨드레이크의 독성은 적당히 먹으면 약이 되지요. 하지만 너무 많이 먹으면 쉽게 흥분을 하거나 심장이 멈출 수도 있는 식물이랍니다.

**◀독풀 삼총사**
유럽의 옛날이야기에 나오는 마녀들은 텃밭에 독풀을 키웠대요. 마녀의 텃밭에 빠지지 않는 독풀 삼총사는 벨라돈나풀, 사리풀, 독말풀이에요.

▼맨드레이크
따뜻한 지중해 근처에 살아요. 뿌리가 마치 사람의 다리처럼 생겼지요.

▲**인삼** 인삼 뿌리도 사람의 몸을 닮았어요.

# 4 궁금궁금 식물의 세계

# 식물은 물만 먹고 살아요?

식물은 물, 햇빛 공기를 먹고 살아요. 이 세 가지를 이용해 직접 영양분을 만들어 먹지요.
식물이 이렇게 영양분을 만드는 과정을 '광합성'이라고 해요. 광합성은 식물의 잎에 있는 엽록체라는 세포에서 일어나요. 엽록체는 엽록소에서 받아들인 햇빛과 흙에서 빨아올린 물, 공기 중의 이산화탄소를 흡수하여 녹말을 만들어요. 녹말은 식물의 영양분일 뿐 아니라 동물들에게 좋은 먹이가 되지요.

**광합성**을 하는 동안 식물은 산소를 만들어요. 식물이 만들어 낸 산소는 동물들이 숨을 쉬며 살아가는 데 꼭 필요해요.

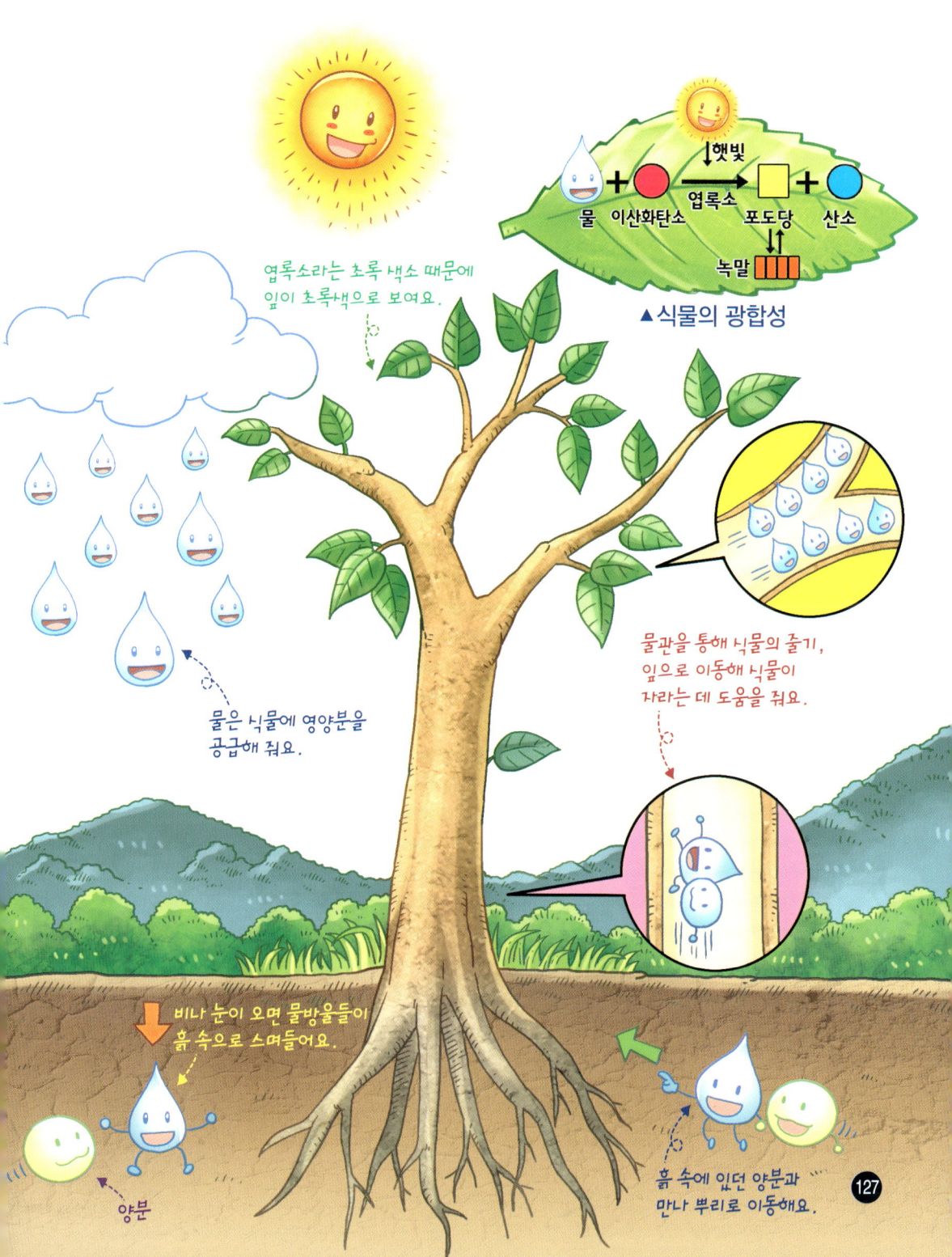

# 식물마다 왜 잎 모양이 달라요?

따뜻한 지방에 사는 사람과 추운 지방에 사는 사람은 피부색이나 겉모습이 달라요. 환경에 맞추어 겉모습이 달라진 거예요. 식물도 사는 곳에 따라 잎 모양이 달라요. 해가 잘 들어오지 않는 열대우림의 키 작은 식물은 잎을 넓게 만들어요. 또는 잎을 덩굴손으로 만들어 햇빛을 더 받으려고 하지요. 건조한 사막에 사는 식물은 잎을 가시처럼 뾰족하게 만들거나 아예 잎을 다 떨어뜨려 물이 빠져나가는 것을 막지요. 식물의 잎 모양은 각각 다르지만 그 식물에게 알맞는 잎이랍니다.

★다양한 잎의 모양

민들레형  바늘잎형  피침형

타원형  원형  심장형  신장형

▼**선인장**
수분을 뺏기지 않으려고 잎이 가시로 변했어요.

▲**벌레잡이통풀** 잎이 벌레를 잡는 통으로 변했어요.

▲**양파** 양분을 저장하는 잎이 땅속줄기로 변했어요.

# 나뭇잎은 왜 비에 젖지 않아요?

아무리 비가 많이 와도 나뭇잎은 젖지 않아요. 겉이 매끈해서 물을 빨아들이지 않고 떨어뜨리니까요. 어떤 나뭇잎은 잎에 난 가는 털로 물기를 모아 물방울을 떨어뜨리고, 어떤 잎은 뾰족한 끝부분으로 물방울을 모아요. 나뭇잎 가운데 파인 고랑도 물기를 모아 떨어뜨리기 쉽게 만들어진 거예요. 나뭇잎은 잎 뒷면의 공기구멍을 막지 않으려고 물을 떨어뜨린답니다. 공기구멍이 막히면 광합성과 호흡을 할 수 없거든요.

▲나뭇잎

★잎의 구조와 단면

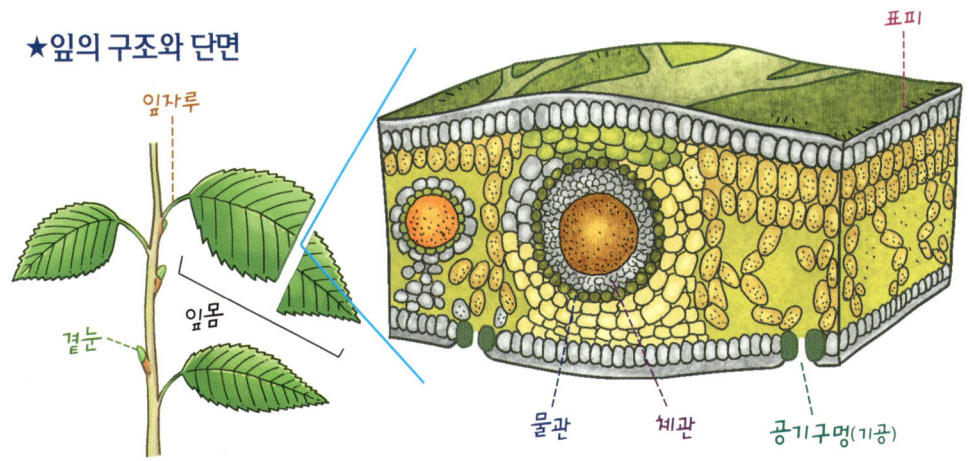

▲**그물맥** 잎에 파인 홈으로 물이 모여 떨어져요. 호박, 아카시아, 단풍나무 등의 잎이 그물맥이에요.

▼**나란히맥** 길고 뾰족한 잎 끝으로 물방울이 떨어져요. 옥수수, 잔디, 벼 등의 잎이 나란히맥이에요.

# 솔잎은 왜 뾰족하게 생겼어요?

소나무와 잣나무 잎은 뾰족하고, 밤나무와 단풍나무 잎은 넓적해요. 환경에 따라 나뭇잎의 모양이 다르니까요.
비가 많이 내리고 따뜻한 곳에 사는 나무들은 편평한 잎을 가졌어요. 잎 속의 습기를 잘 내보내려면 잎이 커야 하니까요.
비가 적게 내리고 추운 곳에 사는 나뭇잎은 바늘처럼 뾰족해요. 잎으로 빠져나가는 물기를 줄이기 위해서지요.
잎이 넓은 나무를 활엽수, 잎이 좁은 나무를 침엽수라고 한답니다.

★침엽수와 활엽수의 비교

| | 침엽수 | 활엽수 |
|---|---|---|
| 종류 | 소나무, 전나무, 잣나무, 가문비나무, 삼나무, 향나무 등 | 느티나무, 오동나무, 단풍나무, 자작나무, 밤나무 등 |
| 특징 | 잎이 가늘고 길다. 나무결이 곧고 단단하다. 추운 곳에서도 잘 자란다. | 잎이 넓적하다. 나무 무늬가 아름답다. 따뜻한 곳에서 잘 자란다. |
| 이용 | 나무결이 곧고 단단하며 탄력이 있어 건축 재료로 쓰인다. | 무늬가 아름다워서 목공예품 재료로 쓰인다. |

4장 · 궁금궁금 식물의 세계

★**침엽수:** 추위에 강해 겨울에도 잎이 떨어지지 않아요.

▲소나무

▲주목

★**활엽수:** 겨울이 오기 전에 거의 모든 잎을 떨어뜨려요.

▲밤나무

▲왕보리수나무

# 가을에는 왜 단풍이 물들어요?

가을이 되면 초록색 나뭇잎이 빨갛고 노랗게 단풍이 들어요. 단풍은 나무가 겨울맞이 준비를 하는 거예요. 날씨가 추워지면 나무는 광합성을 멈춰요. 그러면 나뭇잎에 있던 초록색 엽록소가 없어지지요. 그때 엽록소에 가려져 있던 노란색, 적황색 색소가 도드라져 예쁜 단풍을 만들어요. 활엽수는 모두 단풍이 들지만 침엽수는 몇몇 종류만 단풍이 들어요.

▲떡갈나무 단풍이 물드는 중이라 초록색과 적황색의 잎이 함께 있어요.

▲**단풍나무** 여름에는 초록색이었다가 겨울이 다가오면 빨갛게 변해요.

▼**은행나무** 여름에는 초록색이었다가 겨울이 다가오면 노랗게 변해요.

4장 · 궁금궁금 식물의 세계

# 선인장에는 왜 잎이 없어요?

뾰족뾰족 선인장 가시는 원래 잎이었어요. 건조한 사막에 사는 선인장은 잎을 통해 빠져나가는 물기도 아까웠어요. 그래서 잎사귀를 뾰족한 가시로 바꿔 물을 아꼈지요. 덕분에 선인장을 먹으려는 동물들로부터 안전하게 되었어요.

가시는 곤충이나 동물들로부터 식물을 보호해 주어요. 탱자나무는 줄기가 가시로 변했고, 찔레는 나무 껍질의 일부가 가시로 변해 몸을 지켜 주지요.

▼탱자나무 귀신도 뚫지 못한다고 할 정도로 가시가 많아요.

▲ **찔레** 장미 종류인 찔레는 가시가 많아 울타리에 주로 심어 도둑이 못 들어오게 했어요.

▼ **선인장** 몸속의 수분을 아끼려고 잎이 변해서 가시가 되었어요.

# 식물도 결혼을 해요?

식물도 결혼을 해요.
식물의 꽃에는 신랑인 수술과
신부인 암술이 함께 살아요.
씨앗은 수술과 암술의
자손이랍니다. 백합의 꽃 속에는
높이 솟은 암술과 노란 수술이
있어요. 수술에 있는 꽃가루가 암술머리에 붙는 것을
가루받이(수분)라고 해요.
가루받이가 끝나면 꽃가루는 꽃가루관을 내어 정자를
싣고 내려가 씨방에 있는 밑씨의 난자와 수정이 되면,
수정된 밑씨가 씨앗으로 자라지요.

▲**백합** 한 꽃에 암술과 수술이 있는 암수한꽃이에요.

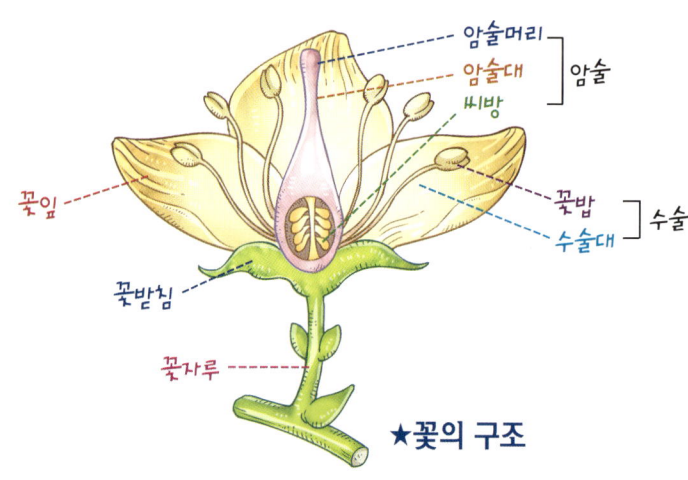

★꽃의 구조

▼소나무 암꽃

▲소나무 수꽃

▲**소나무** 한 나무에서 암꽃과 수꽃이 따로 피어요.

▼**은행나무** 암나무, 수나무에서 꽃이 따로 피어요. 은행이 열리는 나무가 암나무예요.

▼은행나무 암꽃

▲은행나무 수꽃

4장 · 궁금궁금 식물의 세계

# 꽃은 어떻게 곤충을 끌어들여요?

꽃은 달콤한 꿀 냄새를 풍겨 곤충을 불러요. 더듬이로 꿀 냄새를 맡은 곤충은 꽃의 깊숙한 곳에 있는 꿀을 먹지요. 꿀을 먹다가 몸에 꽃가루를 묻혀요. 꽃가루가 잔뜩 묻은 곤충은 다른 꽃으로 날아가 몸에 묻은 꽃가루를 암술머리에 묻혀 가루받이를 해 주지요. 꽃은 색깔로 곤충을 끌어들이기도 해요. 곤충은 빨간색을 알아보지 못하기 때문에 빨간색 꽃은 곤충의 눈에 잘 띄는 자외선을 내뿜어 곤충을 불러요.

▲**붓꽃** 꽃의 안쪽까지 곤충을 불러들이려고 가운데 색깔이 진노랗게 도드라져 있어요.

★**곤충을 통해 가루받이를 하는 꽃들**

풀협죽도　　　　영춘화　　　　장미

▲▼**가루받이를 하는 곤충** 가루받이를 도와주는 것이 곤충이면 충매화, 새이면 조매화, 바람이면 풍매화, 물이면 수매화라고 해요.

## 수련과 연꽃은 어떻게 달라요?

연못에 둥둥 떠 있는 수련과 연꽃은 친척이라 구별하기가 어려워요. 수련과 연꽃의 가장 다른 점은 꽃이 피는 위치예요. 꽃과 잎이 물에 닿아 피면 수련, 꽃이 물 위로 높이 피면 연꽃이지요. 잎이 방패처럼 둥글면 연꽃이고, 둥근 모양이지만 파이 한쪽을 떼어낸 것처럼 찢어져 있으면 수련이지요.

꽃이 지고 열매가 맺히면 구별이 좀 쉬워져요. 수련은 열매의 자루가 나사처럼 감겨 물속으로 들어가 익어요. 하지만 연꽃의 열매는 하늘을 향해 곧추선 자루 끝에 물뿌리개 주둥이 모양으로 익는답니다.

★수련과 연꽃의 비교

|  | 수련 | 연꽃 |
| --- | --- | --- |
| 꽃 | 물 바로 위에서 핀다. | 꽃대가 높이 올라온 후 핀다. |
| 잎 | 둥글지만 파이 한쪽을 떼어낸 것처럼 찢어져 있다. | 방패처럼 둥글다. |
| 열매 | 열매의 자루가 나사처럼 감겨 물속으로 들어간다. | 하늘을 향해 곧추선 자루 끝에 물뿌리개 주둥이처럼 생겼다. |

▲수련

▼연꽃

▲연꽃 열매 연자육 또는 연실이라 불러요.

## 땅속에 열리는 땅콩은 과일인가요?

4장 · 궁금궁금 식물의 세계

땅콩은 땅속에서 열리는 과일이에요. 과일은 식물이 가루받이에 성공한 다음 씨방이 자라 만들어진 열매예요. 땅콩은 수정된 씨방의 자루가 길게 늘어나 땅속을 파고 들어 맺은 열매이니 과일이 분명하지요.

땅속에서 자라는 무, 감자, 고구마는 과일이 아니에요. 무와 고구마는 뿌리이고, 감자는 줄기가 뿌리처럼 변한 뿌리줄기예요.

▲감자 영양분을 저장한 뿌리줄기예요.

▲무 영양분을 저장한 덩이뿌리예요.

▲땅콩 꽃 꽃의 씨방이 땅속으로 들어가 열매를 맺어요.

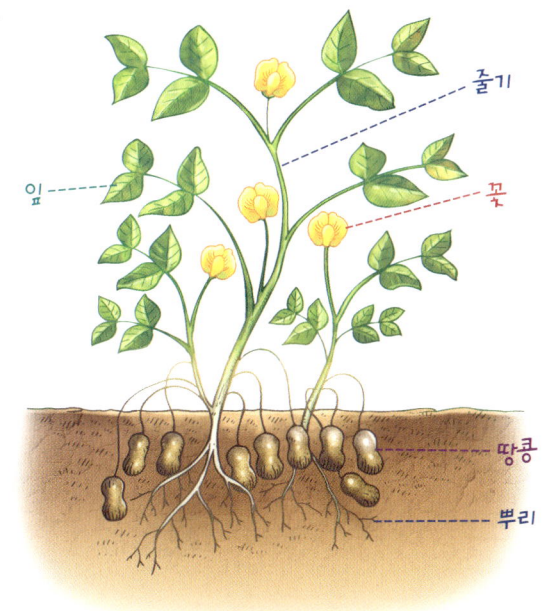

★땅콩의 구조

▲땅콩
누런 꼬투리 안에 2~3개의 씨가 들어 있어요.

# 씨앗은 어떻게 생겼어요?

식물의 꽃과 잎 모양이 각각 다른 것처럼 씨앗의 색깔과 모양도 모두 달라요. 목화 씨앗은 솜 안에 살포시 숨어 있고, 딸기 씨앗은 빨간 열매에 콕콕콕 박혀 있지요. 단풍나무 씨앗은 바람을 타고 멀리 날아가려고 바람개비처럼 생겼어요.
생긴 모습은 달라도 모든 씨앗은 싹 트기 전까지 씨앗을 보호해 줄 단단한 씨껍질에 싸여 있답니다.

### ★식물의 씨앗 엿보기

▲**목화** 목화의 열매는 목화솜이에요.

▲**해바라기** 씨앗을 까먹거나 기름으로 써요.

▲**단풍나무** 바람개비처럼 생겼어요.

▲**호박** 열매 안에 씨가 많이 들어 있어요.

▲**배나무** 열매는 9~10월에 익어요.

▲**딸기** 동물에게 먹혀 씨앗을 퍼뜨려요.

# 솜사탕처럼 생긴 열매가 있어요?

4장 · 궁금궁금 식물의 세계

◀ 흔히 민들레 씨앗이라 부르는 민들레 열매

민들레 열매는 솜사탕처럼 생겼어요.
열매 하나하나에 달린 솜털 때문에 그렇게 보이지요.
봄에는 노란 꽃이 피었다가 꽃이 지면 숨어 있던
솜털 달린 열매가 나타나요.
솜털은 매우 가벼워 약한 바람에도 잘 날아가지요.
민들레 열매는 바람을 타고 멀리 날아가
싹을 틔우기 때문에 약한 바람에도 잘 날아가려고
열매에 털을 달았답니다.

# 우엉 열매는 왜 갈고리를 달았나요?

우엉 열매는 옷에 찍찍 달라붙어 잘 떨어지지 않아요.
열매를 둘러싼 가시 끝이 갈고리처럼 생겨서
사람 옷이나 동물의 털에 딱 달라붙으니까요.
우엉 열매는 사람이나 동물에 붙어 멀리 가려고
털에 잘 붙는 가시 갈고리를 만들었어요.
열매는 부모 식물로부터 멀리 떨어진 곳에서 싹이 터야
물과 영양분을 얻기 좋거든요.
도깨비바늘, 도꼬마리, 도둑놈의 갈고리 등도
동물 털에 붙어 열매를 퍼뜨리지요.

찍찍 붙였다 떼었다 하는 **벨크로**는 **우엉 열매**의 원리와 같아요. 끝이 갈고리처럼 생긴 쪽이 실이 엉킨 것 같은 쪽에 닿으면 갈고리가 실을 걸어 붙였다 떼었다 할 수 있어요. 벨크로는 가방, 옷, 신발 등에 많이 쓰여요.

▲**우엉의 열매** 사람이나 동물에 붙어 멀리 이동한 다음, 땅에 떨어져 싹을 틔우지요.

▲**도깨비바늘의 열매**　　　　▲**도꼬마리의 열매**

# 벼도 꽃이 피나요?

시골에 놀러가면 논과 논에 자라는 벼를 흔하게 볼 수 있어요. 하지만 벼꽃을 보기는 힘들어요. 벼꽃은 눈에 잘 띄지 않아 자세히 관찰하지 않으면 볼 수 없거든요. 벼꽃은 줄기 끝에 꽉 다문 이삭처럼 올라와 작고 하얀 꽃을 피워요. 멀리서 보면 이삭에 하얀 가루가 붙어 있는 것 같아요. 보통 꽃처럼 화려한 꽃잎도 없어요. 그래서 벼꽃이 꽃이라는 것을 알아채기 힘들지요.

게다가 벼꽃은 핀 지 하루만에 가루받이를 끝내고 져 버려서 벼꽃 보기란 정말 쉽지 않은 일이랍니다.

◀ **벼꽃** 멀리서 보면 마치 하얀 가루가 묻어 있는 것처럼 보여요.

## ★벼가 자라는 과정

❶ 봄이 되면 논에 물을 대고 어린 벼를 심는 모내기를 한다.

❷ 여름 동안 벼가 쑥쑥 자라도록 잡초를 뽑아 없애는 김매기를 한다.

❹ 가을이 되어 벼 이삭이 노랗게 익으면 거둬들인다.

❸ 7~8월쯤 되면 작고 하얀 벼꽃들이 피고 거기에 알이 차고 여물어 이삭이 된다.

4장 · 궁금궁금 식물의 세계

# 식물의 뿌리는 어떤 일을 해요?

식물의 뿌리는 땅속의 양분을 빨아들여요.
어떤 식물은 빨아들인 물과 양분을 뿌리에 저장하기도
해요. 또한 식물이 넘어지지 않도록 받쳐 주지요.
하지만 뭐니 뭐니 해도 뿌리가 하는 가장 중요한 일은
흙에서 물과 양분을 빨아들여 식물의 몸 곳곳에
전달하는 거예요.
식물의 뿌리에는 가느다란 뿌리털이 있는데,
이 뿌리털이 흙에 녹은 물과 양분을 빨아들여 줄기를
통해 식물의 몸 곳곳에 전해 주지요.

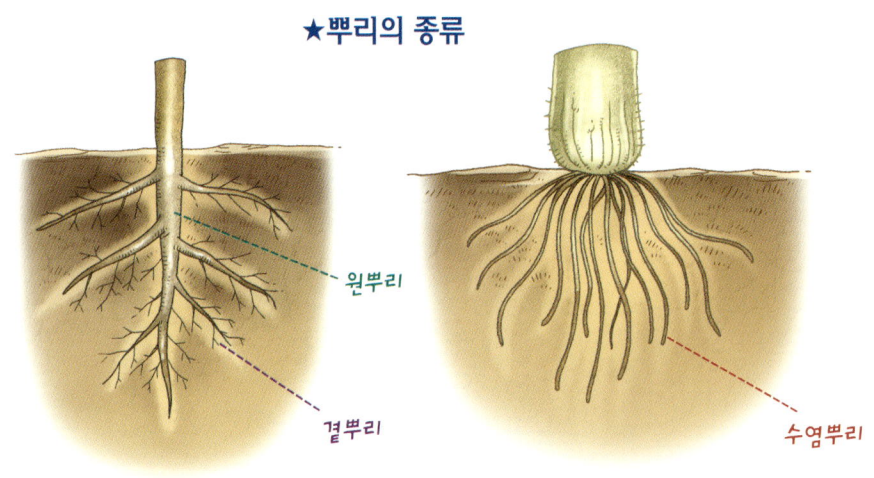

★뿌리의 종류

― 원뿌리

― 곁뿌리

― 수염뿌리

▲쌍떡잎식물 뿌리　　　▲외떡잎식물 뿌리

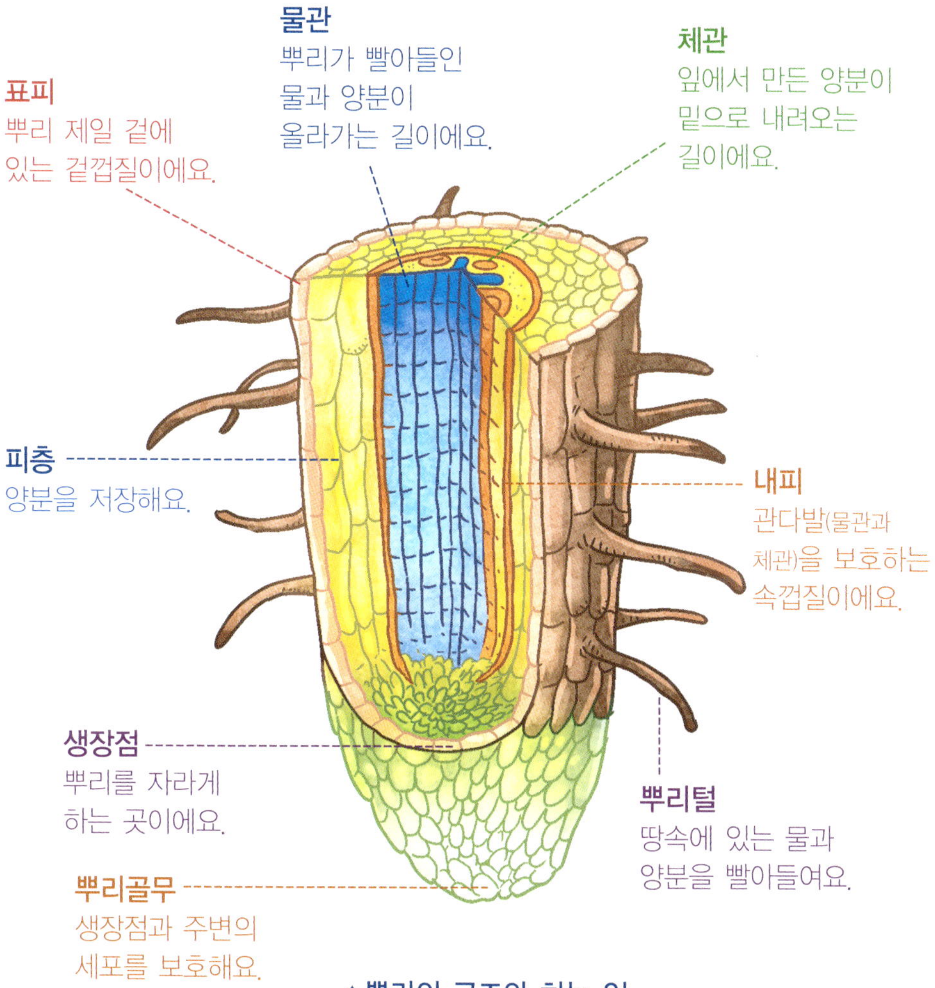

**표피**
뿌리 제일 겉에
있는 겉껍질이에요.

**물관**
뿌리가 빨아들인
물과 양분이
올라가는 길이에요.

**체관**
잎에서 만든 양분이
밑으로 내려오는
길이에요.

**피층**
양분을 저장해요.

**내피**
관다발(물관과
체관)을 보호하는
속껍질이에요.

**생장점**
뿌리를 자라게
하는 곳이에요.

**뿌리털**
땅속에 있는 물과
양분을 빨아들여요.

**뿌리골무**
생장점과 주변의
세포를 보호해요.

▲ 뿌리의 구조와 하는 일

식물의 줄기는 뿌리와 잎에서 얻은 양분이 오가는 길이에요. **물관과 체관 사이의 형성층이 세포분열을** 하면서 줄기의 둘레가 자라난답니다.

형성층 / 체관 / 물관
쌍떡잎식물    외떡잎식물

4장 · 궁금궁금 식물의 세계

# 덩굴식물의 줄기는 어떻게 자라요?

대부분 식물의 줄기는 햇빛을 향해 곧게 자라요. 그런데 덩굴식물은 밧줄이나 실처럼 가는 줄기가 땅을 기거나, 벽에 달라붙거나, 잎자루를 길게 뻗어 높이 올라갈 지지대를 찾아 높이 올라가요. 높은 곳에 올라가면 햇빛을 많이 받아 잘 자랄 수 있으니까요. 지지대를 잡고 올라가는 덩굴손은 원래 잎이나 줄기였지만 덩굴로 변했답니다.

▼등나무

★줄기가 변해 생긴 덩굴손

담쟁이덩굴　　　　　　　　나팔꽃

★잎이 변해 생긴 덩굴손

수세미오이　　　　동부　　　　오이

# 나무의 나이는 어떻게 알 수 있나요?

나무 기둥을 가로로 자르면 둥그런 줄무늬가 여러 개 보여요. 나무의 나이를 보여 주는 나이테랍니다. 둥근 테 하나가 한 살이지요.
나이테는 봄여름에 많이 자라 연한 색을 띠고, 가을 겨울에는 잘 자라지 않아 짙은 색을 띠어요.

▲**나이테** 테 숫자가 나무의 나이예요.

옅은 색과 짙은 색이 번갈아 만들어지면서 나이테 무늬가 나타나지요. 나이테는 우리나라처럼 계절의 변화가 뚜렷한 곳에서 잘 보이고, 열대지방의 나무들에서는 잘 보이지 않아요.

> 일 년만 사는 식물이나 줄기의 두께가 자라지 않는 **외떡잎식물**들은 나이테가 없어요.

◀ **브리슬콘 소나무**
가장 나이가 많은 소나무로 5000살까지 살기도 해요.

## 이끼도 식물이에요?

습기가 많은 나무나 물가에 있는 바위에 초록 양탄자 같은 이끼가 살고 있어요. 키가 작고 부드러운 이끼는 식물이 아닌 것 같지만 엄연히 식물이에요. 몸속에 엽록체가 있어 광합성을 할 수 있거든요. 하지만 진정한 뿌리, 줄기, 잎이 없는 아주 원시적인 식물이에요. 이끼는 꽃이 피지 않아 씨앗이나 열매를 맺을 수 없어요. 그래서 홀씨를 퍼뜨려 번식하지요. 이끼는 생명력이 아주 강해요. 습기가 많은 열대우림을 가장 좋아하지만 아주 추운 북극과 남극, 우주 공간에서도 살아남을 수 있어요.

◀**북극이끼** 북극에도 온도가 0도까지 올라가는 여름에는 땅표면이 녹아 습지를 이뤄요. ⓒ극지연구소

▲**나무에 낀 우산이끼류** 습기가 많은 나무 밑동이나 큰 나무에 이끼가 살아요.

▼**바위 위에 낀 솔이끼류** 이끼는 뿌리가 없어 물을 빨아들이지 못해요.

# 버섯은 왜 식물이 아니에요?

버섯을 식물로 착각하기 쉽지만 식물이 아니에요. 곰팡이 종류인 균류랍니다. 버섯은 엽록소가 없어 광합성을 못하니까요.

버섯은 가는 실 모양의 세포인 균사로 지내다가 다른 균사를 만나 균사체를 이루어요. 균사체는 온도가 높고 습기가 많아 버섯이 자라기 좋은 환경을 만나면 봉긋한 봉오리를 만들어요. 이 봉오리가 자라 갓, 주름, 자루를 지닌 버섯이 되지요.

버섯과 같은 균류는 죽은 동물, 식물, 나무뿌리 등을 분해해서 먹고 살아요. 만약 균류가 없다면 지구는 죽은 동물과 식물로 뒤덮였을 거예요.

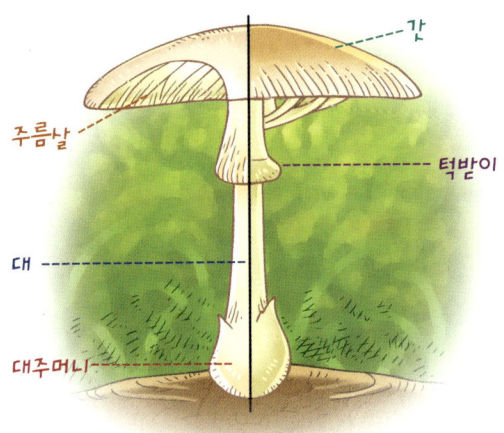

★버섯의 구조

▲**동충하초** 죽은 매미나 벌 따위의 곤충에서 자라는 버섯이에요.

▲**영지** 죽은 나무 밑동에서 자라요.

▲**느타리** 죽은 활엽수에서 자라요.

# 독이 있는 버섯도 있어요?

버섯은 영양도 많고 맛도 좋아 사람들이 즐겨 먹어요.
하지만 먹으면 큰일 나는 독버섯도 있어요.
독버섯은 알록달록 예쁜 색깔이 많아요.
화려한 색으로 "난 독이 있어요. 먹지 마세요."라고
경고하지요.
독버섯을 잘못 먹으면 배가 몹시 아프고 심하면
죽을 수도 있어요. 그런데 독버섯과 먹을 수 있는 버섯을
구별하기는 무척 어려워요. 독버섯으로 유명한 광대버섯
중에는 먹으면 정신이 이상해지는 것도 있지만
맛이 아주 좋은 버섯도 있거든요.

▲**광대버섯** 노란광대버섯과 모양이 비슷하지만 독이 있어 먹을 수 없어요.

▲**다박싸리버섯** 독버섯으로 썩은 낙엽에 무리를 지어 자라요.

★먹을 수 있는 버섯

싸리버섯    노랑망태버섯    연잎낙엽버섯

★먹을 수 없는 독버섯

세발버섯    갈색고리갓버섯    붉은사슴뿔버섯

★약간의 독이 있는 버섯

구름버섯    흰가시광대버섯    먹물버섯

# 식물은 언제부터 지구에 살았어요?

처음 지구가 태어났을 때 지구에는 아무도 살지 못했어요. 햇빛에는 해로운 자외선이, 공기 속에는 독한 가스가 가득했거든요. 그러다 비가 내려 바다가 생겼고, 바닷속에는 자외선과 독한 가스가 들어가지 못했지요. 약 5억 5천만 년 전쯤, 안전한 바닷속에 식물의 조상인 조류가 생겨났어요.

미역, 다시마 등 조류는 햇빛을 이용해 광합성을 할 수 있어요. 하지만 뿌리, 줄기, 잎으로 나눌 수 없고 꽃도 피지 않기 때문에 땅 위의 식물들과는 많이 다르답니다. 지금은 조류를 식물로 분류하지 않아요.

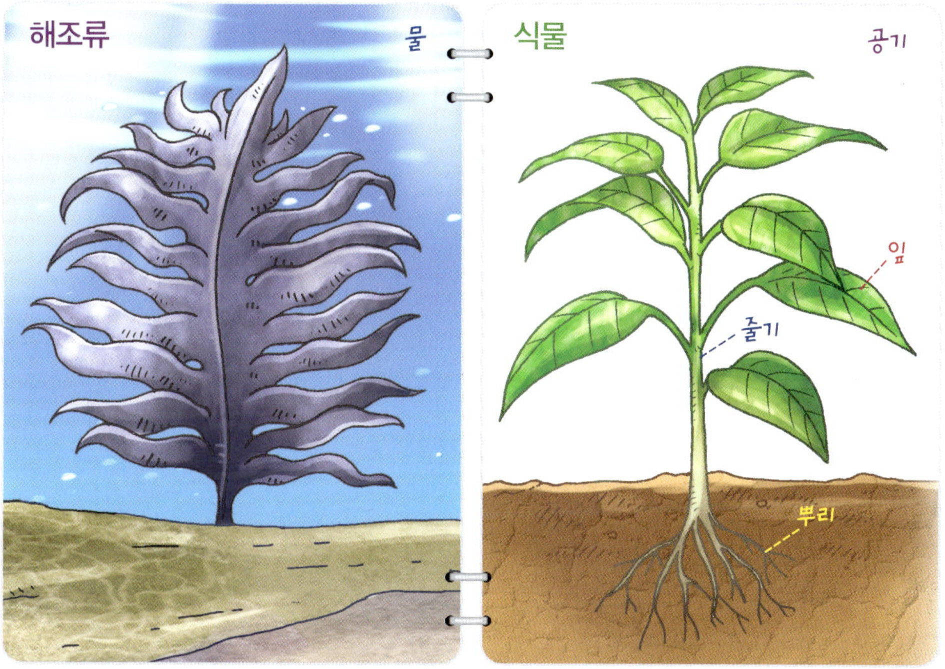

해조류 / 물

식물 / 공기 / 잎 / 줄기 / 뿌리

## ★해조류와 식물의 비교

|  | 해조류 | 식물 |
| --- | --- | --- |
| 다른 점 | 뿌리, 줄기, 잎으로 나눌 수 없다. | 뿌리, 줄기, 잎으로 나눌 수 있다. |
|  | 홀씨로 번식한다. | 대부분 꽃과 열매로 번식한다. |
|  | 물속에서 산다. | 대부분 육지에서 산다. |
| 닮은 점 | 광합성을 한다. ||
|  | 대부분 스스로 움직이지 못한다. ||

4장 · 궁금궁금 식물의 세계

# 식물이 점점 사라진다고요?

돌매화나무는 다 자란 키가 겨우 2센티미터인 아주 작은 나무예요. 매화처럼 예쁜 꽃을 피우는 돌매화나무는 한라산의 높은 곳에 사는데, 지구온난화 때문에 기온이 올라가 멸종 위기에 놓여 있어요. 광릉요강꽃은 원래 있던 자리에서 다른 곳으로 옮겨 심으면 5년 안에 죽어 버려요. 그래서 원래 살던 곳의 자연이 파괴되면 광릉요강꽃은 멸종되고 말 거예요. 아름다운 식물들을 오래오래 보려면 자연을 지키려는 노력이 꼭 필요해요. 자연에 있는 식물은 아무리 예뻐도 함부로 꺾거나 뽑지 말아야 해요.

▲깽깽이풀

▲복주머니꽃

▲돌매화나무

▼광릉요강꽃

# 벌레잡이식물 키우는 방법

**벌레잡이식물은** 습기가 많은 곳을 좋아해요. 그래서 집에서 키우려면 물 주기에 특히 신경을 써야 하지요. 대표적인 벌레잡이식물들을 키우는 방법에 관해 알아볼까요?

### ○ 파리지옥

1. **햇빛**: 햇빛이 잘 드는 곳에 두는 것이 좋다. 햇빛이 적으면 붉은빛을 내는 파리지옥의 경우 색깔이 선명해지지 않는다.
2. **습도와 온도**: 충분한 습도와 적당한 온도를 유지한다.
3. **휴면(쉬면서 아무것도 하지 않음)**: 11월쯤 겨울을 보낼 준비를 하기 위해 잎이 작아지고 검게 마른 것처럼 보인다.

### ○ 벌레잡이제비꽃

1. **햇빛**: 햇빛이 잘 들지 않는 그늘이나 바람이 잘 부는 선선한 곳이 좋다.
2. **습도**: 화분을 담가 둔 화분받침에 너무 많은 물을 넣지 않는다. 지나치게 습하면 잎이 무를 수 있다.

### ○ 끈끈이주걱

1. **햇빛**: 햇빛이 잘 드는 곳에 두어야 한다.
2. **습도**: 화분받침에 물을 적당히 넣어 두고, 물기가 마르지 않도록 주의한다.
3. **휴면**: 겨울이 되면 휴면에 접어든다. 이때 21~29도 정도로 온도를 따뜻하게 유지하는 것이 좋다.

## ◉ 사라세니아

1. **햇빛:** 햇빛이나 그늘, 어디서든 잘 자란다.
2. **습도:** 화분받침에 물을 적당히 넣어 둔다. 물을 깨끗하고 차갑게 유지한다.
3. **먹이:** 일부러 먹이를 잡아주지 않는다.
4. **휴면:** 겨울이 되면 휴면에 접어든다.

## ◉ 벌레잡이통풀(네펜데스)

1. **햇빛:** 햇빛이나 그늘, 어디서든 잘 자란다.
2. **습도와 온도:** 물을 담은 화분받침은 필요 없지만 따뜻하고 습한 환경에서 먹이를 잘 잡아먹기 때문에 하루에 한 번 물을 듬뿍 주는 것이 좋다. 건조하거나 추운 날씨에 약하므로 가을, 겨울이나 봄에는 특별히 잘 관리해야 한다.
3. **주의:** 벌레잡이주머니 속으로 물이 들어가지 않도록 한다. 소화액이 아닌 일반 물이 들어가면 수명이 줄어든다.

## ◉ 벌레먹이말과 통발

1. **환경:** 물속에 사는 식물이기 때문에 어항에 키워야 한다. 어항에 깨끗한 물을 넣고 바닥에는 흙이나 짚을 약간 넣어 두면 미생물이 생긴다.
2. **주의:** 어항에 이끼나 불순물이 끼지 않도록 주의한다.

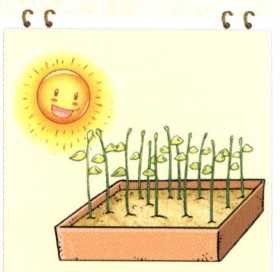

## ◉ 땅귀개

1. **햇빛:** 햇빛이나 그늘, 어디서든 잘 자란다.
2. **습도:** 땅귀개는 화분을 화분받침에 놓고 물을 듬뿍 준다.
3. **특징:** 벌레잡이 주머니가 뿌리에 있어 벌레 먹는 모습을 볼 수는 없지만 예쁜 꽃을 많이 볼 수 있다.

# 봄·여름·가을·겨울에 피는 꽃

부록

◉ **봄에 피는 꽃과 꽃이 피는 시기**

민들레 4~5월

제비꽃 4월

할미꽃 4월

진달래 4월

붓꽃 5~6월

개나리 4월

## 여름에 피는 꽃과 꽃이 피는 시기

무궁화 7~10월

패랭이꽃 6~8월

도라지 7~8월

산수국 7~8월

봉선화 6월

페튜니아 7~8월

# 봄·여름·가을·겨울에 피는 꽃

## ◉ 가을에 피는 꽃과 꽃이 피는 시기

코스모스 6~10월

국화 9~11월

해바라기 8~9월

왕해국 7~11월

구절초 9~11월

벌개미취 6~10월

## 겨울에 피는 꽃과 꽃이 피는 시기

동백꽃 1~4월

왕원추리 1~3월

수선화 12~3월

포인세티아 12월

복수초 2~5월

매화 1~3월

# 어린이 과학백과 시리즈
## 초등 교과 연계표

| 책 명 | 학년-학기 | 교 과 | 단 원 |
|---|---|---|---|
| 인체백과 | 2-1 | 봄2 | 1. 알쏭달쏭 나 |
| | 6-2 | 과학 | 4. 우리 몸의 구조와 기능 |
| 곤충백과 | 2-1 | 여름2 | 2. 초록이의 여름 여행 |
| | 3-1 | 과학 | 3. 동물의 한살이 |
| | 5-1 | 과학 | 5. 다양한 생물과 우리 생활 |
| 로봇백과 | 3-1 | 국어 | 2. 문단의 짜임 |
| | 3-1 | 과학 | 2. 물질의 성질 |
| 동물백과 | 3-1 | 과학 | 3. 동물의 한살이 |
| | 3-2 | 과학 | 2. 동물의 생활 |
| | 5-1 | 과학 | 5. 다양한 생물과 우리 생활 |
| 호기심백과 | 2-1 | 봄2 | 1. 알쏭달쏭 나 |
| | 3-1 | 과학 | 5. 지구의 모습 |
| | 5-2 | 과학 | 3. 날씨와 우리 생활 |
| 바다해저백과 | 3-1 | 과학 | 5. 지구의 모습 |
| | 3-2 | 과학 | 2. 동물의 생활 |
| 공룡백과 | 3-2 | 과학 | 2. 동물의 생활 |
| | 4-1 | 과학 | 2. 지층과 화석 |
| 전통과학백과 | 1-2 | 겨울1 | 2. 여기는 우리나라 |
| | 3-1 | 과학 | 2. 물질의 성질 |
| | 3-2 | 사회 | 2. 시대마다 다른 삶의 모습 |
| 우주백과 | 3-1 | 과학 | 5. 지구의 모습 |
| | 5-1 | 과학 | 3. 태양계와 별 |
| 장수풍뎅이 사슴벌레백과 | 2-1 | 여름2 | 2. 초록이의 여름 여행 |
| | 3-1 | 과학 | 3. 동물의 한살이 |
| 파충류백과 | 3-1 | 과학 | 3. 동물의 한살이 |
| | 3-2 | 과학 | 2. 동물의 생활 |
| | 5-1 | 과학 | 5. 다양한 생물과 우리 생활 |
| 벌레잡이·희귀 식물백과 | 1-1 | 봄1 | 2. 도란도란 봄 동산 |
| | 4-1 | 과학 | 3. 식물의 한살이 |
| | 4-2 | 과학 | 1. 식물의 생활 |
| 세계 최고·최초백과 | 3-1 | 과학 | 5. 지구의 모습 |
| | 5-1 | 과학 | 3. 태양계와 별 |
| | 6-2 | 사회 | 1. 세계 여러 나라의 자연과 문화 |
| 발명백과 | 3-1 | 과학 | 2. 물질의 성질 |
| | 4-2 | 과학 | 3. 그림자와 거울 |
| 드론백과 | 3-1 | 과학 | 2. 물질의 성질 |
| | 5-2 | 과학 | 4. 물체의 운동 |
| 인공지능백과 | 4-1 | 과학 | 1. 과학자처럼 탐구해 볼까요? |
| | 5 | 실과 | 6. 나의 진로 |
| | 6 | 실과 | 3. 생활과 소프트웨어<br>4. 발명과 로봇 |

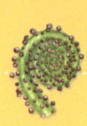

**일상 속 흥미로운 과학 법칙을 찾아라!**

《퀴즈! 과학상식-과학 법칙》을 어렵기만 한 과학 법칙을 흥미진진한 호기심 퀴즈 23개로 만나 보세요.

도기성 저/김혜진 감수

재밌는 만화로 배우는
**퀴즈! 과학상식** 현**88**권